ÉCHOS POÉTIQUES

D'OUTRE-TOMBE

POÉSIES MÉDIANIMIQUES

OBTENUES

Par L. VAVASSEUR

PRÉCÉDÉES D'UNE ÉTUDE SUR LA POÉSIE MÉDIANIMIQUE

Par ALLAN KARDEC

PARIS

LIBRAIRIE CENTRALE, 24, BOULEVARD DES ITALIENS

Au bureau de la Revue Spirite, 59, rue et passage Sainte-Anne

CHEZ L'AUTEUR, 3, RUE DE LA MAIRIE A PARIS-MONTMARTRE

1867

ÉCHOS POÉTIQUES

D'OUTRE-TOMBE

C.

ÉCHOS POÉTIQUES

D'OUTRE-TOMBE

POÉSIES MÉDIANIMIQUES

OBTENUES

Par L. VAVASSEUR

PRÉCÉDÉES D'UNE ÉTUDE SUR LA POÉSIE MÉDIANIMIQUE

Par ALLAN KARDEC

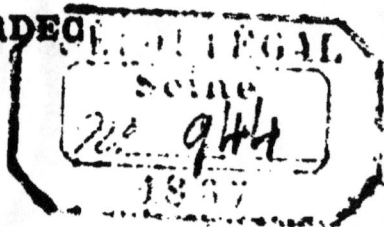

~~~

PARIS

LIBRAIRIE CENTRALE, 24, BOULEVARD DES ITALIENS

Au bureau de la Revue Spirite, 59, rue et passage Sainte-Anne

CHEZ L'AUTEUR, 3, RUE DE LA MAIRIE A PARIS-MONTMARTRE

1867

PRÉFACE

—

Le surnaturel a, de tout temps, réveillé chez l'homme ou un sentiment de crainte qu'on ne sait point définir, ou un sentiment de répulsion qu'on ne sait point expliquer. Pourquoi cette crainte puérile chez quelques-uns? Pourquoi chez d'autres cet éloignement involontaire? C'est qu'on ne veut pas s'arrêter à ce qu'on appelle un rêve : on a peur d'y trouver une réalité; on ne veut point s'amuser à ce qu'on nomme une fiction : on a peur d'y découvrir une vérité; on ne veut point étudier un effet: on a peur d'y voir une cause.

Il y a un an à peine, j'étais aussi incrédule qu'on peut l'être, lorsque j'allai frapper à la porte d'un ami qui me parla d'Esprits et de communications directes. Le sourire d'abord fit place à la raillerie. Mais mon ami ne se découragea pas : il me remit deux ouvrages [1] qu'il me pria de lire attentivement; je le lui promis.

Les premières pages me trouvèrent distrait; mais peu à peu l'intérêt me gagna, et bientôt le sceptique railleur devenait le disciple ardent de la doctrine nou-

---

[1] Le *Livre des Esprits* et le *Livre des médiums*.

velle. Aujourd'hui il a besoin de vivre avec ces idées. Elles sont pour lui ce qu'elles sont pour tous : la consolation du présent et l'espérance de l'avenir; sans elles la vie est un navire sans boussole, un foyer sans flamme, un monde sans soleil, un corps sans âme.

Convaincu, par le raisonnement, de l'existence des Esprits, mon premier désir fut de communiquer avec eux. Je priai, j'évoquai, et ma première prière fut écoutée, mon premier appel fut entendu. L'adepte d'hier écrivait le lendemain sous la dictée de ses guides mystérieux. Pourtant cet heureux résultat ne me satisfît point. J'avais écrit en prose, et soit caprice, soit doute, je demandais à l'Esprit de me faire écrire en vers. Jamais la Poésie, cette fille du Ciel, ne s'était assise à mon chevet; jamais elle n'avait chanté à mon oreille le plus petit sonnet; jamais son âme n'avait parlé à mon âme. A mon grand étonnement j'obtins spontanément des vers tout à fait corrects. C'était pour moi la preuve la plus irrécusable de cette puissance surnaturelle que j'avais essayé de nier. Dès lors ma foi fut à jamais établie.

Depuis ce temps les Esprits n'ont cessé de me visiter, au point que je me trouve possesseur d'un grand nombre de poésies qu'ils m'ont chargé de faire paraître. Voilà pourquoi, ami lecteur, cet ouvrage est entre tes mains. Trop heureux de servir mes chers Invisibles, je serai plus heureux encore, s'il peut te donner le désir de connaître une doctrine qui fait mon bonheur et le bonheur de tous ceux qui la comprennent.

L. VAVASSEUR.

INTRODUCTION

—

ÉTUDE SUR LA POÉSIE MÉDIANIMIQUE

Qu'est-ce qui prouve que les vers de ce recueil sont des produits de l'autre monde, diront sans doute ceux qui ne croient qu'à ce qui vient de celui-ci? — Le témoignage de tous ceux qui les ont vu écrire, car la plupart de ces pièces ont été obtenues dans des réunions plus ou moins nombreuses, composées de personnes honorables. — Soit; mais qui prouve que ces personnes n'ont pas été abusées? Que M. Vavasseur ne faisait pas simplement acte de mémoire en récitant ce qu'il avait composé d'avance? — Trois choses capitales : son honorabilité d'abord, qui le met au-dessus de tout soupçon de supercherie indigne d'un honnête homme; en second lieu, que ne faisant point métier de la médiumnité, et ne se donnant point en spectacle, il n'aurait aucun intérêt à jouer, sans profit, une comédie parfois très fatigante; puis le fait, également notoire, qu'en dehors de la médiumnité, il n'a jamais pu composer le plus petit quatrain. M. Vavasseur n'est cependant pas un homme illettré, tant s'en faut; mais on sait qu'on peut avoir beaucoup d'instruction sans être poète le moins du monde.

D'où lui serait donc venue si subitement la prodi-

gieuse faculté d'improviser, soit par écrit à l'état de
veille, soit verbalement pendant le sommeil extatique,
de longues tirades, sans ratures ni corrections, souvent
sur des sujets d'actualité et d'à propos qui n'ont pu être
médités? Nous défions le poète le plus fécond d'arriver
à un pareil résultat. Pourquoi de Pradel et les autres
improvisateurs célèbres n'ont-ils rien écrit? C'est que
leurs vers, qui produisaient de l'effet à une audition
rapide, n'étaient pas soutenables à la lecture; or, on ne
peut en dire autant de ceux de M. Vavasseur.

Si donc ce dernier est incapable de produire par lui-
même ce qu'il obtient, il faut bien que cela vienne d'une
source étrangère. D'ailleurs, si ces vers étaient de lui,
pourquoi se priverait-il du mérite de les avoir faits? La
modestie n'est pas généralement la vertu dominante
des poètes; n'ayant aucun motif de les répudier, rien
ne lui serait, au contraire, plus facile que de se parer
impunément des plumes du paon, puisque leur prove-
nance le mettrait à l'abri de toute revendication judi-
ciaire.

Les personnes qui ne connaissent pas le Spiritisme
font naturellement cette question: Pourquoi tous les
médiums n'obtiennent-ils pas de la poésie? Pour y
répondre complétement, il faudrait développer à nouveau les principes mêmes de la science spirite; pour
ceux qui n'admettent pas le monde spirituel, il faudrait remonter à la preuve de l'existence de l'âme et
des Esprits, ce qui nous mènerait trop loin; ce serait
un cours de Spiritisme qu'il n'est pas plus possible de
faire en quelques mots que s'il s'agissait de toute autre
science. Nous nous bornerons simplement à quelques
explications sommaires, suffisantes pour mettre sur la
voie des phénomènes médianimiques ceux qui n'en
connaissent pas la cause, et lever quelques-unes des

objections que, par ignorance du principe, ils sont naturellement portés à faire.

Nous admettons donc l'existence des Esprits comme un fait acquis à l'expérience ; de plus, que les Esprits sont les âmes des hommes qui ont vécu sur la terre ; qu'ils peuplent l'espace, et constituent la population invisible du globe après avoir fait partie de la population visible ; qu'ils sont parmi nous, à nos côtés, attirés par les personnes ou les milieux qui leur sont sympathiques. Un fait également constaté par l'observation, c'est que, par cela même que les Esprits ne sont autres que les âmes des hommes, on trouve parmi eux toutes les variétés intellectuelles et morales que présente l'humanité. En entrant dans le monde spirituel, ils n'acquièrent pas subitement la souveraine science et la souveraine sagesse ; le degré de leur avancement comme Esprits est en raison de leur avancement comme hommes ; beaucoup conservent le caractère, les goûts, les aptitudes, les opinions, les sympathies et les antipathies qu'ils avaient sur la terre ; s'il en est d'éminemment supérieurs, il y en a aussi qui en savent moins et qui valent moins que certains hommes ; le simple bon sens, d'ailleurs, dit que l'Esprit d'un sauvage ou d'un criminel ne peut devenir subitement l'égal d'un savant ou d'un homme de bien. Sans la connaissance de ce point capital, il est impossible de se rendre compte de certaines choses.

L'âme proprement dite est purement spirituelle : c'est le principe intelligent ; mais elle possède une enveloppe ou corps fluidique qui ne nuit pas plus à sa spiritualité que le corps matériel qu'elle revêt dans l'existence terrestre. Ce corps fluidique, désigné sous le nom de périsprit, fait de l'Esprit, au lieu d'un être abstrait, un être concret, limité et circonscrit. Les

Esprits se trouvant, ou pouvant venir au milieu de nous, c'est à l'aide du fluide périsprital qu'ils agissent sur la matière inerte pour produire certains effets physiques, sur les médiums pour les faire écrire, parler ou dessiner, sur les personnes sensitives pour les impressionner. C'est encore à l'aide de leur périsprit, rendu momentanément visible, qu'ils se montrent parfois sous les apparences qu'ils avaient de leur vivant.

Tel est sommairement le principe des manifestations ; on voit qu'il n'y a là rien de surnaturel ni de merveilleux, mais un phénomène très naturel résultat d'une loi qui n'était pas connue.

En s'incarnant, l'Esprit revêt une seconde enveloppe : celle qui constitue le corps charnel. La mort n'est que la destruction de ce dernier qui tombe quand ses ressorts sont usés et ne peuvent plus fonctionner ; l'Esprit s'en sépare comme l'amande se sépare de sa coque, et ne conserve que le corps fluidique ; c'est un dédoublement, un changement de milieu. Pendant la vie, le périsprit n'est point circonscrit à la limite du corps charnel ; bien qu'il soit uni, molécule à molécule, à toutes les parties de ce dernier, il rayonne tout à l'entour et l'enveloppe d'une sorte d'atmosphère fluidique.

La communication de l'Esprit désincarné avec le médium s'établit par l'union de leurs fluides périspritaux qui servent de véhicule pour la transmission de la pensée. Mais, par suite de leurs qualités respectives, ces fluides sont plus ou moins assimilables, et peuvent s'attirer ou se repousser. Selon le degré d'assimilation ou de répulsion de ces fluides, les communications sont plus ou moins faciles, parfois même impossibles. Il en résulte qu'un médium, quelque bon qu'il soit, ne peut pas toujours communiquer indistinctement avec tous les Esprits ; puis, ceux-ci, qui ont leur libre arbitre, et ne sont au caprice de personne, se communiquent quand ils veulent, quand ils le peuvent, et à qui il leur plaît. *Il n'est donné à aucun médium de faire venir un Esprit contre son gré.*

L'Esprit peut agir mécaniquement sur certains médiums, et leur faire exécuter ce que, dans l'état de leurs connaissances, ils seraient incapables de faire. C'est ainsi qu'ils font écrire des personnes qui ne savent pas même former les lettres, en conduisant leur main comme on le fait pour les enfants; dessiner ou peindre des individus qui n'ont jamais manié le crayon ou le pinceau; écrire dans une langue inconnue du médium en lui dictant lettre à lettre. Le médium, dans ce cas, est un véritable automate; mais c'est un travail nécessairement long et pénible, que les Esprits font exécuter exceptionnellement, comme moyen de conviction, lorsqu'ils trouvent un médium doué physiquement et fluidiquement de l'aptitude nécessaire; mais comme ils aiment ce qui va vite, ils préfèrent, surtout pour les travaux importants et suivis, les médiums qui n'ont plus les difficultés matérielles à vaincre, et auxquels il suffit de transmettre la pensée. Le médium alors, au lieu d'être une simple machine aveugle, devient un interprète ou traducteur intelligent; son rôle est celui d'un truchement ou d'un secrétaire. Or, de même qu'on préfère avoir pour secrétaire un homme qui sait écrire couramment et correctement, à celui qui ne sait rien, les Esprits préfèrent, à aptitudes fluidiques égales, les médiums dont ils n'ont pas à s'occuper pour l'exécution matérielle. On comprend, par exemple, que le médium qui sait la musique et possède le mécanisme d'un instrument, sera plus apte à traduire la pensée musicale qui lui est transmise, quoique ce ne soit pas la sienne, que s'il n'en savait pas le premier mot. Par la même raison, celui auquel les termes techniques d'un art ou d'une science sont familiers, écrira plus facilement sous la dictée des Esprits, comme sous celle des hommes, une dissertation sur un sujet scientifique. C'est en ce sens qu'il faut entendre ce principe que : les Esprits se servent du mobilier cérébral du médium, et qu'ils trouvent d'autant plus de facilité que ce mobilier est plus riche. Par mobilier cérébral, il ne faut pas entendre les pensées ou les idées propres du médium, mais les éléments propres à la manifestation des pensées ; c'est ainsi qu'avec les langues pauvres, comme celles des sauvages, on ne pourrait rendre toutes les idées des hommes civilisés et instruits.

Mais cette richesse ne tient pas toujours à l'instruction *effective* de l'existence actuelle ; elle est surtout dans le développement intellectuel provenant d'une culture antérieure à l'existence présente, ce qui rend le médium apte à interpréter magistralement des communications sur des sujets qui lui sont en apparence étrangers. C'est ainsi que nous avons vu un médium d'une instruction très bornée, qui n'avait jamais touché un pinceau, ni étudié les arts même en théorie, disserter, dans le sommeil magnétique, sur la peinture et toutes les délicatesses de l'art, en artiste consommé, parce que, nous a-t-il dit, il avait été artiste de talent dans une précédente existence. A l'état de veille, il n'en restait aucune trace, mais son cerveau *spirituel* n'en était pas moins meublé. Comme médium écrivain, il aurait donc offert à un Esprit peintre, pour traiter savamment les questions de peinture, plus de facilité qu'un autre, quoique ne sachant actuellement ni peindre ni dessiner.

On comprend, d'après cela, l'innombrable variété d'aptitudes que présentent les médiums, et pourquoi tous ne sont pas également propres à traiter *ex professo* tous les sujets. Selon la nature des instructions qu'ils veulent nous transmettre, les Esprits choisissent les instruments qui leur offrent le plus de ressources.

Par la même raison, on comprend pourquoi tous les médiums ne sont pas propres aux communications poétiques, et comment celui qui, de lui-même, ne peut faire des vers, peut parfois servir d'interprète facile à un Esprit poète. Tel est, sans aucun doute, la cause de la prodigieuse facilité de M. Vavasseur pour la poésie médianimique. Les Esprits poètes trouvent en lui une intelligence prédisposée à sentir et à refléter les pensées poétiques *d'un certain genre*, ce qui explique le caractère sensiblement uniforme et élégiaque de ses communications.

Son aptitude médianimique ne paraît pas, jusqu'à présent, se prêter à la haute poésie tragique ou lyrique. Nous avions sollicité, par son entremise, des vers d'une nature spéciale qu'il n'a pu encore obtenir, non sans doute que les Esprits capables aient fait défaut, mais probablement parce que ce genre n'est pas dans ses cordes médianimiques, ou que ces cordes ne sont pas encore développées. Cette variété dans les aptitudes existe pour la prose comme pour les vers, et pour tous les genres de médiumnité. Le médium doit s'attacher à cultiver celle dont la nature l'a doué ; la prétention de les posséder toutes conduit à ne rien faire de bon,

Une objection qui a maintes fois été faite, est celle-ci : Si les Esprits poètes peuvent se manifester, pourquoi ne donnent-ils, en général, que de la poésie vulgaire, et non des chefs-d'œuvre ? Pourquoi Homère ne vient-il pas nous doter d'une nouvelle Iliade, Racine d'une nouvelle Athalie ? Ainsi des hommes de génie dans tous les genres, l'histoire, la littérature, la musique, etc.

Il faut d'abord se pénétrer du but essentiel et providentiel des manifestations. Ce but est de prouver par des faits matériels l'existence des Esprits, et par conséquent de l'âme, de sa destinée, et de la vie future ; or, de même que la moindre parole, la moindre trace, suffisent pour attester la présence d'êtres humains dans une contrée que nous croyions déserte, les manifestations les plus vulgaires peuvent nous prouver que l'espace est peuplé d'êtres intelligents, et que ces êtres sont les Âmes ou Esprits des hommes. La question capitale n'est pas de savoir si les Esprits peuvent faire des chefs-d'œuvre, mais s'ils existent. Un chef-d'œuvre ne convaincrait pas plus que toute autre manifestation ceux qui ne veulent pas admettre les Esprits; ce serait un travail de pure curiosité, sans profit pour ceux qui ne croient pas, inutile pour les croyants qui n'ont pas besoin de cette preuve. On peut en dire autant des œuvres de peinture, de musique et autres.

Les Esprits supérieurs ont d'ailleurs des occupations appropriées au milieu où ils se trouvent, aux missions qu'ils ont à remplir, et plus utiles que de refaire, pour notre agrément, ce qu'ils ont fait sur la terre. Quand ils viennent à nous c'est pour nous instruire et non pour chercher des applaudissements. S'ils reviennent s'incarner, ils appliqueront de nouveau leur génie à des œuvres terrestres; mais à chacun sa tâche selon sa position : aux Esprits incarnés, les travaux humains; aux désincarnés, ceux qui incombent à l'erraticité. Les rapports qui s'établissent entre les Esprits et les hommes, ont pour but l'amélioration de ces derniers et leur instruction à un point de vue *spécial :* leur avenir. Pour cela il suffit de paroles simples et sans prétention littéraire, que le commun des médiums peut parfaitement transmettre. Des œuvres exceptionnelles de génie seraient des tours de force qui les étonneraient, mais ne les rendraient pas meilleurs; ces œuvres exigeraient d'ailleurs des instruments d'une aptitude hors ligne, capables de vibrer à l'unisson de ces grands Esprits, et ces instruments sont rares. La Providence voulant que l'enseignement des Esprits pût pénétrer partout, dans la chaumière comme dans le palais, n'a pas fait de la médiumnité un privilége des savants ou des grands; elle en a doué les hommes les plus humbles, afin de nous montrer que le plus petit peut concourir à ses desseins.

Que les grands poètes ne donnent pas des chefs-d'œuvre, on le comprend, dira-t-on; mais comment se fait-il qu'ils donnent des platitudes comme en écrivent parfois certains médiums sous les noms les plus respectés; des vers qui n'ont ni rimes ni bon sens, où les régles les plus élémentaires de la poésie sont outrageusement violées? A cela, la réponse est fort simple. Tous les travers des hommes se retrouvent, comme nous l'avons dit, dans le monde des Esprits; il y a donc parmi ceux-ci des rimailleurs obstinés qui, en quittant ce monde, n'ont pas renoncé à leur manie de faire des vers plus ou moins mauvais, et trouvent bon de les signer de grands noms pour s'attirer le respect des ignorants; c'est l'âne revêtu de la peau du lion. Des médiums, trop peu lettrés pour en apprécier la valeur littéraire, flattés souvent d'être visités par des hommes illustres, ont le tort grave de prendre trop facilement ces noms pour argent comptant; mais, quand survient un juge plus éclairé, il aperçoit sans peine le bout de l'oreille et découvre la supercherie. Malheureusement, si l'amour-propre s'en mêle, si le médium est fasciné par un Esprit obsesseur, la critique leblesse, et l'évidence même ne lui fait pas ouvrir les yeux.

Nous savons que les plus grands génies n'ont pas toujours fait des chefs-d'œuvre, et que, parmi leurs productions, il en est parfois de très faibles; il peut donc en être de même dans les produits médianimiques. Mais de la faiblesse à la platitude, il y a loin; la platitude est dans la pensée plus que dans la forme; sous une forme, dont l'incorrection peut être le fait de l'instrument, se trouvent souvent des pensées ingénieuses ou profondes qui décèlent un Esprit avancé; mais si, à l'imperfection de la forme, se joignent le vide, la trivialité, la platitude proprement dite des idées, on peut être certain que c'est l'œuvre d'un Esprit vulgaire qui se pare d'un nom d'emprunt.

La constatation de l'identité des Esprits offre souvent de grandes difficultés, et, dans certains cas, une impossibilité absolue. C'est donc un tort de prendre fait et cause pour les noms dont sont signées certaines communications poétiques ou autres. Sont-elles bonnes ou mauvaises, dignes ou indignes du nom qu'elles portent? Là est toute la question. L'auteur de ce recueil n'est point tombé dans ce travers, trop commun chez les médiums, et nous l'en félicitons; aussi ne donne-t-il ces poésies ni comme des chefs-d'œuvre, ni comme des modèles du genre, mais comme des échantillons d'une des variétés des productions médianimiques, laissant à chacun le soin de juger du plus ou moins de probabilité de l'identité des signatures.

Quant à nous, notre but n'est point de porter un jugement sur ce travail; ce que nous nous sommes proposé, c'est de donner un moyen de l'apprécier, en expliquant à ceux qui les ignorent les principes fondamentaux de la médiumnité.

ALLAN KARDEC.

ÉCHOS POÉTIQUES

D'OUTRE-TOMBE

A MONSIEUR ALLAN KARDEC [1]

—

Très cher maître et ami, qui, dans la nuit du doute
Où j'étais égaré, m'avez montré la route
Que je suis aujourd'hui; qui m'avez pris la main
Comme on fait à l'enfant à son premier matin,
Pour assurer ses pas tremblants dans la carrière;
Qui m'avez fait plus loin regarder en arrière
Et pleurer les erreurs de mon coupable orgueil;
Vous, qui m'avez prouvé qu'au delà du cercueil
Tout n'était pas fini, que notre âme immortelle
De la tombe allait voir la patrie éternelle,

[1] Cette épître a été faite à deux reprises différentes et relate un fait qui m'est particulier.

1

S'y reposait un jour, volait vers d'autres bords,
Chercher une autre épreuve et prendre un autre corps,
Pour s'épurer ainsi par de nouvelles vies,
Et arriver plus vite aux sources infinies
De l'infini bonheur. Vous, qui m'avez appris
Ce langage divin que parlent les Esprits
Quand ils charment mes jours et consolent mes veilles,
Laissez-moi, dans ces vers, vous dire les merveilles
Que je vis l'autre soir apparaître à mes yeux.
Le foyer presque éteint me faisait ses adieux ;
Ma lampe sur la table avec un doux mystère
Éclairait faiblement de sa blanche lumière
Un livre que trois fois j'avais déjà relu [1],
Quand tout à coup un bruit étrange et inconnu
Vint troubler tout mon être ; on aurait dit l'orage
Déchaîné sur mon toit, vomissant avec rage
Son tonnerre et ses feux ; puis de tristes accords
Chantaient ce que la mer chante le soir aux bords
De ses rives : un chant d'une douce harmonie,
Jetant l'âme et les sens dans l'extase infinie
D'un rêve qui commence et finit dans les cieux ;
Puis un rayon magique, enveloppant ces lieux,
Vint s'arrêter soudain sur la gaze légère
De mes blancs rideaux, et je vis avec mystère
Un livre d'or s'ouvrir. On y lisait ces mots :
« N'oubliez pas les morts, priez pour leur repos. »

---

[1] *Le Livre des Esprits.*

J'interrogeais en vain le merveilleux génie
Qui m'avait apporté ces vœux d'une autre vie.
Il ne répondit rien et disparut sans bruit,
Ne laissant après lui que l'ombre de la nuit.
Huit jours plus tard Chénier voulut lui-même écrire
Cet étrange récit que vous venez de lire.

ANDRÉ CHÉNIER.

A MON LIVRE.

—

Bientôt, enfant, tu vas quitter
Cet humble toit qui t'a vu naître,
Pour courir le monde, affronter
Ses dangers et mourir peut-être
Sans avoir pu toucher au port.
Avant de fuir notre rivage,
Comme autrefois, écoute encor
La voix qui guida ton jeune âge.
Hélas ! mon fils, sur ton chemin
Bien souvent l'orgueilleuse épine
Déchirera ta blanche main
Lorsque la ronce, sa voisine,
Fera boiter ton pied blessé,
A peine entré dans la carrière.

N'importe, il te faudra, lassé,
Marcher sans jamais, en arrière,
Compter et mesurer tes pas ;
Marcher sans jamais, sur ta route,
T'asseoir et murmurer tout bas ;
Marcher, sans que jamais le doute
T'épouvante, et mourir un jour
En prêchant à tous pour doctrine
La Foi, la Charité, l'Amour,
Seuls devoirs de ta loi divine ;
En arrachant partout l'orgueil,
Le faux savoir et l'égoïsme,
Jetant le drap noir du cercueil
Sur le berceau du Spiritisme ;
En plaignant un siècle grossier,
Qui joindra l'insulte à l'injure
Quand il t'appellera sorcier
Ou diseur de bonne aventure ;
En lui pardonnant son mépris ;
En essayant, par la prière,
De ranger, honteux et surpris,
Ses grands enfants, sous ta bannière.
J'ai dit : Pars, mon enfant, adieu ;
Ta tâche est lourde et difficile,
Mais crois et espère en ton Dieu :
Il te la rendra plus facile.

ALFRED DE MUSSET.

L'AME.

—

« L'âme est un don de Dieu qui fuit toute analyse ;
« Elle anime les corps et les immortalise. »
C'est un tendre rayon qui fait naître la fleur,
Et lui donne en passant la vie et la couleur ;
C'est l'étoile qui brille et jette à la nuit sombre
Ses mille feux d'argent qui dissipent son ombre ;
C'est le soleil d'été qui dore les moissons,
Et fait dire à l'oiseau ses plus belles chansons ;
C'est la brise du soir qui caresse la rive,
Son sable d'or, ses flots et son hymne plaintive ;
C'est la douce rosée, un matin du printemps,
Tombant en perles d'eau sur l'arbuste des champs ;
C'est la timide fleur qui croit avec l'épine
Du buisson ; elle est blanche, on la nomme aubépine ;
C'est la libre penseuse, ayant les mêmes lois
Pour juger les erreurs des peuples et des rois ;
C'est la froide Raison qui demande sans cesse
Au projet le conseil, au conseil la sagesse ;
C'est la Force, que l'homme appelle Volonté,
Qui pense, agit, se meut et vit en liberté ;

1.

C'est la flamme magique éclairant le génie,
Qui donne à ses élus la puissance infinie
De lever le rideau qui l'empêche de voir
Le sublime idéal aux cieux, de concevoir,
De créer, d'animer et de rendre immortelle
L'œuvre sortant du choc de sa vive étincelle ;
C'est l'image de Dieu, de son Dieu Tout-Puissant,
Qui la fit pour peupler son univers naissant,
Qui la créa sublime en lui donnant la vie
Et lui promit le ciel pour dernière patrie.
Une, elle anime un corps, le fait vivre et l'endort,
Arrive avec la vie et part avec la mort.
L'âme ne peut jamais multiplier son être :
Ce serait égaler celui qui le fit naître.
Invisible, elle échappe au scrutateur regard
Qui la cherche partout et la voit nulle part.
Vapeur insaisissable, ombre blanche et légère,
Fluide éthéré, souffle animant la matière,
Le scalpel du savant veut la trouver en vain :
Il trouve le néant et glisse de la main.
Libre, elle aime à franchir dans un vol plein d'audace
Les champs du vide ; elle a pour domaine l'espace,
Pour besoin l'inconnu, pour lieu l'immensité,
Pour désir l'infini, pour temps l'éternité.
Elle a l'intelligence et profonde et sublime
Qui sait lire partout, au fond noir de l'abime,
Au sommet blanc des monts, le grand-livre des lois
Régissant et la Terre et les Cieux à la fois.

Immortelle et divine, elle atteint sans tristesse
Le but qu'elle aperçoit : la tombe, où la sagesse
D'un Dieu, pour la guider, traça lisiblement
Ces deux étranges mots : *Fin et commencement.*

CASIMIR DELAVIGNE.

LE MENDIANT.

—

Tous les jours, au bord du chemin,
Un pauvre allait tendre la main.
Grelottant de froid sur sa pierre,
Il murmurait une prière
Que n'écoutait point le passant,
Quand vint un lutin agaçant,
Ange blond, frais comme la rose,
Dont la corolle à peine éclose
Bravant le souffle des autans,
S'embaume aux parfums du printemps.
—Ma mère auprès de vous m'envoie,
Dit-il, tout rayonnant de joie :
Prenez, je reviendrai demain. »
A ces mots, il mit dans la main
Du vieillard sa première aumône.
—Dieu bénira celui qui donne,

Et sur la terre et dans les cieux,
Murmura, les larmes aux yeux,
Le pauvre mendiant : « J'espère
« Que cette fois est la dernière. »
Le lendemain l'enfant passa,
Mais le vieillard n'était plus là.

JEAN[1].

LA ROSE.

—

Un soir, une rose orgueilleuse,
Aux fleurs qui composaient sa cour,
Vantait la beauté merveilleuse
Qui l'avait fait briller un jour.
« Demain, disait-elle à l'Aurore,
« Plus belle encor que ce matin,
« Vous verrez l'amant qui m'adore
« Mourir étouffé dans mon sein.
« — Prenez garde, dit la Pensée,
« Vous serez si belle demain
« Que votre couronne brisée
« Ne verra pas de lendemain. »

JEAN.

[1] L'Esprit qui a signé cette petite poésie n'a jamais voulu donner d'autre nom que celui de Jean. Interrogé depuis, bien des fois par moi, il a toujours gardé le plus strict incognito.

A Mme L..... [1]

—

Te souvient-il, enfant, des beaux jours d'autrefois,
Quand, rieuse et follette, accourant à ma voix,
Ton petit pied mignon foulait l'herbe fleurie
Des prés verts. Tu chantais, et la rive attendrie
Écoutait ta chanson. Ces souvenirs jaloux
Me poursuivent partout; cruels, envolez-vous.
Pourquoi sourire encore à l'image oubliée?
Pourquoi parler toujours à mon ombre ennuyée?
N'ai-je donc pas assez expié mon passé,
Pour troubler mon sommeil de la tombe? Effacé
Du livre des vivants, mon nom doit-il sans cesse
Etre évoqué par vous, dans tous vos chants d'ivresse?
Oh! crois-moi, chère enfant, ne me dis plus jamais
Ces mots qui toujours m'ont trompé : repos et paix.

L.....

[1] Madame L... me fit demander un jour un petit souvenir de son mari, qui s'occupait beaucoup de poésie autrefois. J'obtins de lui ces quelques vers.

IMPROMPTU [1].

—

L'amour est un trésor qui brille au fond du cœur,
Comme la goutte d'eau dans le sein de la fleur.
C'est le joyeux sourire au banquet de la vie
Éclairant la jeunesse et sa courte folie.

ANDRÉ CHÉNIER.

RÊVERIE.

—

La mort, la nuit des temps, fantôme insaisissable
Que l'homme voit toujours devant lui menaçant,
Est la fin du voyage où l'âme impérissable
S'arrête à contempler un horizon naissant.

[1] Cet impromptu fut fait dans un festin où la plupart des
convives s'amusaient aux dépens du Spiritisme. Un de ces joyeux
sceptiques promit d'embrasser la nouvelle doctrine si je pouvais
obtenir un quatrain sur l'amour. Deux minutes après le quatrain
était fait.

Cet horizon nouveau qui pour borne a l'espace,
Qui commence où finit la terre aux tristes bords,
Est la retraite où Dieu lui réserve une place
Quand elle a fait sa tâche et qu'elle a fui son corps.

Alors on la revoit au foyer solitaire
Quand ses amis en pleurs lui disent leurs adieux.
Il semble qu'en partant, autour des siens elle erre,
Pour leur montrer un point éclairé dans les cieux.

C'est le but éternel marqué par Dieu lui-même,
Où l'homme lit ces mots : « Tu dois un jour mourir ; »
Arrêt terrible qui fait vomir le blasphème
A ceux qui n'ont pas su croire, aimer et souffrir.

UN ESPRIT.

LE PAPILLON ET LA MOUCHE A MIEL.

Un petit papillon, surpris par un orage,
S'était un jour blotti sous le naissant feuillage
D'un lilas, et rêvait en demandant au ciel
Un rayon pour s'enfuir ; quand une mouche à miel
A ses côtés passa : « Bonjour, bonjour, mignonne,
« Où courez-vous ainsi ? Votre mère vous donne

« Trop d'ardeur au travail ; qu'avez-vous tant besoin
« De vous presser, ma chère? Attendez dans ce coin
« Que le soleil se lève et sèche la prairie
« Avant de butiner sur la rose fleurie. »
« — Je n'écouterai point vos frivoles discours
« Monsieur le paresseux, dit la mouche. Je cours
« Où bon me semble, et crois en pareille occurrence
« N'avoir rien à répondre à votre impertinence.
« Et pourtant je veux bien vous donner un conseil.
« Méchant, n'attendez point un rayon de soleil
« Pour sortir de ces lieux. Il se peut que l'orage
« Déverse encor ses eaux longtemps sur le feuillage
« Qui vous abrite. Alors, autant mouillé que moi,
« Vous n'aurez pas mangé. J'aime mieux, sur ma foi !
« M'exposer à la pluie et rentrer à mon gîte
« Ne criant pas famine. Au revoir, je vous quitte. »
Elle dit et s'enfuit, laissant le papillon,
Tout honteux et confus, attendre le rayon
Qui ne vint pas. Le soir, il aperçut l'abeille
Qui bourdonnait encor près de lui dans la treille.
Cette fois, il ne put lui dire ses malheurs
Et mourut sans oser lui laisser voir ses pleurs.

Si, jamais sous son toit, l'énervante paresse,
Cher enfant, t'endormait dans sa coupable ivresse,
Rappelle-toi ce que l'abeille au papillon
Disait quand il rêvait caché dans son sillon.

CASIMIR DELAVIGNE.

LA PETITE CHIENNE.

—

Dans un riche salon, devant un feu joyeux,
Une petite chienne aux poils longs et soyeux,
A l'œil vif et lutin, aux formes délicates,
Au nez rose, étendait nonchalamment ses pattes
Sur un épais coussin. Fannette était son nom.
Jeune, belle et savante, elle était en renom
A dix lieues à la ronde. On donnait à Fannette
Biscuits, sucre, bonbons, riz, gâteaux et nonnette.
Elle avait ses valets épiant ses désirs;
Elle avait ses jouets amusant ses loisirs.
Pourtant, le croirait-on? Fannette, la volage,
Indifférente à tout, c'est le fait de son âge,
Se trouvait malheureuse. Et pourquoi, direz-vous?
Pourquoi? Je n'en sais rien. Nous voyons tant de fous
Plus âgés que Fannette accuser la fortune
Et blasphémer les cieux. Oh! la race importune
Que celle de ces gens qui se voient malheureux
Pour avoir oublié qu'ils étaient trop heureux!

UN ESPRIT.

AMOUR.

—

Amour ! mot éternel, mot sublime et magique
Qui fit créer un Dieu, qui fit naître un Sauveur;
Gerbe d'or et de feu dont la flamme électrique
Va du ciel où tout vit, à la terre où tout meurt.

Tout vous parle d'amour : le ruisseau qui murmure,
La rose qui fleurit, la fleur des champs qui naît,
L'oiseau dans le buisson, le nid sous la verdure,
La nuit qui passe et fuit, l'aurore qui paraît,

L'astre du jour qui luit, la brise qui soupire,
Le brin d'herbe qui vit, l'arbuste qui grandit,
La vague qui blanchit, le flot qui se retire,
L'insecte qui bruit et l'agneau qui bondit.

Tout vous parle d'amour. Dans son premier sourire
Qui reflète les cieux, l'enfant cherche à calmer
Les douleurs du foyer; l'enfant semble vous dire
Ce qu'il dira plus tard en bégayant : « Aimer. »

Aimer, toujours aimer, —c'est la foi de la mère
Qui vient sécher ses pleurs et qui les fait tarir;

La foi qui la retient, qui l'attache à la terre
Et lui fait voir le ciel, pour l'aider à souffrir.

Pour enseigner l'amour, un Dieu créa des mondes
Obéissant aux lois qui régissent les cieux,
Des mondes infinis aux majestés profondes,
Aux sublimes accords, aux bruits harmonieux.

Pour faire aimer l'amour, il fit à son image
L'homme qu'il anima, qu'il rendit immortel
De son souffle puissant, à qui pour héritage
Il promit, dans un jour de pure ivresse, un ciel.

CASIMIR DELAVIGNE.

AU PRINCE X..... [1]

—

Hier soir, je rêvais, assis au coin du feu.
L'âtre jetait encor, dans un dernier adieu,
Sa tremblante lueur et sa blanche fumée,
Quand soudain j'entendis à ma porte fermée,

[1] Le prince X..... répondit à une petite fable que je lui avais adressée, en m'envoyant un riche écrin renfermant une épingle montée en or. L'Esprit de Casimir Delavigne me dicta cette épître de remerciement.

Trois fois, trois petits coups frappés discrètement.
Alors la clef, sans bruit, sans efforts, lentement
Glissa dans la serrure et j'aperçus une ombre,
Blanche comme un rayon d'argent dans la nuit sombre,
S'avancer doucement et montrer à mes yeux
Un écrin renfermant un bijou précieux :
« Enfant, dit-elle, un ange auprès de toi m'envoie
« Pour t'aider à marcher dans la pénible voie
« Que ton Dieu t'assigna. Garde ce souvenir
« Qui devra réveiller ta foi dans l'avenir
« Quand tu ne croyais plus même au présent. Espère
« Et cesse de douter. Entre dans la carrière
« Sans faiblir ni trembler. Cet ange tout-puissant
« Te suivra pas à pas dans le chemin glissant
« De la lutte. J'ai dit. » Et l'ombre, avec mystère,
Semblait s'évanouir ; son étrange lumière
S'effaçait par degrés, et moi, pâle et troublé
En écoutant sa voix, je n'avais point parlé :
« Reste encore, lui dis-je, ô merveilleux génie ;
« Il semble, en te voyant, que ma peine est finie.
« Redis-moi ces doux mots : Espère en l'avenir.
« Reste, je veux te voir, t'entendre et te bénir.
« Si tu pars, promets-moi de porter au bon ange
« Qui t'envoya, mes vœux et mon cœur en échange.
« Dis-lui que le poète, humble et reconnaissant,
« Se souviendra toujours de son royal présent. »
Je n'avais pas fini que l'ombre, disparue,
M'avait laissé tout seul cherchant encor sa vue

Et ne trouvant plus rien que le magique écrin
Qu'elle avait parfumé de son souffle divin.

CASIMIR DELAVIGNE.

RÊVERIE.

—

Enfant, n'as-tu jamais contemplé dans la plaine
Un beau soleil couchant? La brise sans haleine
Semble admirer sans bruit; l'oiseau, dans le buisson,
Ne dit plus à l'écho sa bavarde chanson;
Le flot vient expirer au sable de la rive,
Sans oser murmurer sa prière plaintive;
Le timide roseau sur sa tige est sans voix,
Et la feuille se tait en tombant dans les bois.
L'horizon tout en feu rougit le blanc nuage;
On dirait que les cieux vont vomir un orage.
Ne te semble-t-il pas que la nature en deuil
Ensevelit son roi dans un triste cercueil?
Ami, le roi du jour est l'image d'un rêve
Que le matin commence et que le soir achève.
Quand tu le vois s'enfuir, tu le pleures. Pourquoi?
Autrefois j'en riais. Fais-en autant, crois-moi.

CH. LALOY.

2.

CAUSERIE.

—

Depuis longtemps, enfant, ma muse soucieuse
N'a pas voulu chanter; mais la capricieuse
A ton appel s'anime et vient, comme autrefois,
Réveiller les échos endormis à sa voix.
Tu veux un souvenir de ton pauvre Corneille?
As-tu donc oublié que son ombre sommeille
Sous un marbre chargé de deux siècles entiers;
Que, lasse de courir dans ces muets sentiers
Où je rêvais jadis, où je cueillais la gloire,
Elle ne fait plus rien pour grandir sa mémoire?
Le silence la berce et le repos l'endort,
Loin du bruit des vivants, du sommeil de la mort.
Et tu veux qu'aujourd'hui, revenant sur la terre,
Soudain elle apparaisse et cède à ta prière,
Redise un autre chant pour remplir tes cahiers
Et signe au bas son nom? Hélas ! bien volontiers,
Elle y consentirait; mais je crains sa faiblesse.
Elle ira lentement, en s'arrêtant sans cesse :
Tel un jeune malade essayant un matin
Ses pas convalescents sur l'herbe du chemin.
Te voilà prévenu. Je n'ai plus rien à dire.
Voudrais-tu néanmoins encor me faire écrire?
Réponds, enfant? Oui. — Soit.—Je dirai quelques mots
Pour obtenir enfin la paix et le repos.

Un jour, il m'en souvient, j'achevais une scène
Du *Cid*, cherchant en vain une rime à Chimène,
Sans pouvoir la trouver, quand entra, par hasard,
Un de mes vieux amis, plein d'esprit, mais bavard.
Je laissai là mes vers, maudissant la présence
De mon hôte importun, qui, par reconnaissance,
Disait-il, m'apportait un merveilleux trésor,
Un ouvrage fameux, valant son pesant d'or.
En ouvrant cet ouvrage, à la première page
Je lus ces quatre mots : « Au grand Corneille, hommage !
« Merci, lui dis-je, ami ; mais à quoi bon venir,
« Quand mon cœur se souvient, parler de souvenir ?
« Pourquoi vouloir encor m'offrir la dédicace
« De ce livre ? Mon nom là n'est pas à sa place. »
— Pourquoi non ? reprit-il avec un ton moqueur.
Serait-il trop petit pour toucher votre cœur ?
Faut-il à votre nom des œuvres couronnées
Qu'un académicien de sa plume a signées ?
— S'il est ainsi, très cher, de vous je prends congé,
Honteux de vous avoir si longtemps dérangé
De vos doctes travaux. Je le vois, c'est folie
De croire à l'amitié qui toujours nous oublie
Quand on a besoin d'elle. Adieu, soyez heureux. »
Je voulais répliquer, mais mon hôte fiévreux
Descendait d'un pas lourd l'escalier quatre à quatre,
Comme un coupable enfant que son maître veut battre.
J'en étais là, rêvant à l'étrange colère
De ce vieux compagnon que j'aimais comme un frère

Et songeant aux moyens de calmer son courroux,
Quand, soudain, à ma porte on vint frapper trois coups.
J'ouvre, c'était l'ami se soutenant à peine.
Trois étages montés l'avaient mis hors d'haleine.
Son œil était hagard, son visage blémi
Et tout son corps tremblait. « Qu'avez-vous, cher ami?
« Lui dis-je, en le voyant. Et qui donc vous *ramène?*
« —Quelques vers, reprit-il, pour la belle Chimène
« Que j'avais par mégarde emportés. Les voici.
« Prenez-les. Entre nous, tout est fini. » — « Merci,
« M'écriai-je, en pleurant de plaisir et de joie,
« Corneille vous chassa, sa muse vous renvoie .
« Pour apporter le calme à son cerveau brûlant
« Et lui faire trouver, sans effort, en parlant,
« La rime qu'il cherchait dans ses pénibles veilles,
« Et qui toujours fuyait sans frapper ses oreilles.
« Oh ! laissez-moi parler et finir mes aveux.
« Lorsque j'ai refusé de céder à vos vœux,
« J'en fais ici serment, je n'étais point coupable;
« Je craignais pour nous deux de n'être point capable
« De porter un fardeau trop lourd et trop pesant;
« J'avais peur de tomber sur la route en glissant.
« Dites, avais-je tort de douter de moi-même?
« Et pouvez-vous encor, à l'ami qui vous aime,
« Refuser un pardon quand il vous tend la main?
« Ce bonheur de vingt ans aura-t-il donc demain
« Passé comme un rayon qui ne laisse pour trace
« Que l'ombre de la nuit qui vient prendre sa place ?

« Faut-il qu'à l'horizon un nuage jaloux

« Voile à jamais le ciel de l'amitié pour nous ?

« Oh ! non. Vous pâlissez, et cette voix aimée

« Murmure un doux langage à mon âme charmée.

« Oublions, dites-vous, qu'un instant désunis,

« Nous avons un matin vécu sans être unis.

« Restons amis. Qu'un jour, sur notre froide pierre,

« On lise encor ces mots blanchis dans la poussière :

« Ils s'aimèrent toujours, la mort les sépara,

« Passants, priez pour eux, et Dieu vous bénira. »

Le vieillard me sourit, et la paix était faite.

Mon récit est fini. Ton oreille distraite,

Poète impatient, a-t-elle écouté tout ?

J'ai voulu t'amuser, mais t'apprendre avant tout

A ne point trop presser ta muse harassée,

Quand la rime à pas lents suit ta course insensée ;

A t'arrêter souvent, mais surtout quand la voix

De ce monde inconnu, qui te dicte ses lois,

A cessé de parler ; car alors le génie

Qui t'assiste est aux cieux et son hymne est finie ;

A ne point éloigner de ton humble foyer

L'ami qu'il plaît à Dieu de vouloir t'envoyer,

Car souvent sa visite, en venant te distraire,

Apporte à tes esprits un repos salutaire.

J'ai dit. Bonsoir, enfant ; j'ai fait ces vers pour toi ;

Je demande en échange une oraison pour moi.

P. CORNEILLE.

LA MORT.

—

La mort èst un sommeil qui finit dans la tombe,
Un rêve qui s'achève en paix et loin du bruit.
L'âme, au réveil, timide et légère colombe,
S'envole vers un monde où tout est fleur et fruit.

UN ESPRIT.

L'ESPÉRANCE.

—

L'Espérance est la faible et tremblante lueur
Qui s'éteint quelquefois, mais qui brille sans cesse
Quand il fait nuit et fróid au fond de notre cœur ;
Avec elle, tout vit ; avec elle, tout cesse.

C'est le pâle rayon dont la douce clarté
Visite le réduit et la cellule obscure,
Où gît le prisonnier pleurant la liberté,
Le soleil et l'air pur, la brise et la verdure.

C'est l'étoile des mers qui jette au loin ses feux
Sur les flots irrités, qui soutient le courage
Du pilote épuisé, quand il cherche des yeux
Un point à l'horizon, la terre et son rivage.

C'est la riante aurore au front étincelant,
Au teint frais et vermeil, à la bouche rosée,
Qui vient tous les matins de son petit doigt blanc
Soulever les rideaux discrets de la croisée.

Ici, c'est un enfant au babillard réveil;
En passant, elle pose un baiser sur sa tête.
Là, c'est un libertin, au fébrile sommeil;
En passant, elle chante un gai refrain de fête.

Plus loin, c'est un savant qui refait le matin
Son travail de la veille; en passant, elle admire.
Là, c'est une fillette à l'œil noir et lutin;
En passant, elle rit à son joyeux sourire.

Là-bas, c'est un jeune homme au front pâle et troublé;
Sa voix est faible; il pleure et languit sur sa couche.
En passant, elle jase et l'endort consolé,
Heureux d'avoir senti son souffle sur sa bouche.

Enfin, c'est un vieillard pliant sous le fardeau
Des ans; sa main est froide et sa lèvre est flétrie,
Elle passe et soulève un coin du noir rideau
Qui lui cache le ciel, sa future patrie.

CASIMIR DELAVIGNE.

UN RÊVE.

—

Un soir, je vis en rêve une enfant blanche et rose
Qui portait une fleur nouvellement éclose,
S'asseoir à mon foyer : « Tiens, dit-elle en tremblant,
« Cette rose est à moi, ma main en la cueillant
« La garda pour toi, père, et j'ai voulu moi-même
« L'offrir en te disant mon nom : Jeanne [1] qui t'aime. »
J'allais saisir la rose à la fraîche couleur,
Mais je n'ai rien trouvé, ni Jeanne, ni la fleur.

JEAN.

———— ————

LE MOUCHERON ET L'ABEILLE.

—

Un soir, au clair de lune, un petit moucheron
Rentrait à son logis, lorsque, sur le perron
De son château, l'abeille et pimpante et légère,
L'arrête en lui disant : « Bonsoir! bonsoir ! mon frère.

[1] Ma fille.

« Pourquoi partir sitôt et revenir si tard?

« Vous n'avez donc rien fait, dites, maudit bavard,

« Que rire et soupirer auprès de vos maîtresses?

« C'est acheter trop cher leurs trompeuses caresses.

« Croyez-moi, jeune fou : le temps est précieux

« Pour s'amuser ainsi; on doit l'employer mieux. »

— « Vous parlez bien ce soir, ma charmante voisine,

« Dit l'humble moucheron. Devant vous je m'incline,

« Et déclare excellents vos excellents conseils.

« Pourtant, permettez-moi d'adresser les pareils

« A Votre Majesté. Vous courez dès l'aurore

« De boutons en boutons, le soir vous trouve encore

« Sur leurs seins demi-clos, et bien souvent la nuit

« Redit vos doux ébats à l'aube qui s'enfuit.

« Pensez-vous qu'il soit bien de folâtrer sans cesse,

« De dépenser ainsi votre courte jeunesse

« A chercher tous les jours dans de nouveaux plaisirs

« Un nouvel aiguillon irritant vos désirs?

« Vous apportez, je sais, riche butin au gîte;

« Mais en rentrant plus tôt, en butinant plus vite,

« Il serait bien plus riche. Est-ce là votre avis? »
A ces mots l'orateur regagna son logis.

UN ESPRIT.

A Mlle X..... [1]

—

La nuit parfois je viens parler à ton sommeil,
Espérant, mais en vain, qu'au moment du réveil
Mon nom sera redit dans ta courte prière.
Tu n'as donc pas gardé le souvenir d'un père ?
Son image, à ton cœur ingrat et oublieux,
N'a donc rien laissé, rien qui pût ouvrir tes yeux
Et leur montrer ses traits ? Mon ombre assez punie
En se voyant partout et proscrite et bannie,
Comme un pauvre qu'on chasse au seuil de la maison,
Pour ne pas écouter la sévère leçon
Qui du foyer suspend les jeux et les arrête,
Mon ombre, dis-je, doit, lorsque tout est en fête,
Que, fauvette en ton nid, au lever du soleil,
Tu dis un chant d'amour à ton premier réveil,
Souffrir l'isolement, même auprès de sa fille ;
Entendre répéter, à sa voix qui babille,
Tout, excepté son nom. Mais ne vaut-il pas mieux
T'oublier tout à fait en oubliant ces lieux ?

X.....

---

[1] Mlle X..... me supplia un jour de vouloir bien évoquer son
père. Voici sa réponse.

RÊVERIE.

—

Le soleil commençait à blanchir de ses feux
Le naissant horizon d'un beau matin. Joyeux
A son premier rayon, j'effeuillai, sur ma route,
La rose du printemps, belle et fraîche sans doute,
Mais trop jeune, pour voir un trop cruel enfant
Flétrir son jeune sein que son âge défend.
Image de ma vie. A sa première aurore,
Mon étoile a pâli. Le soir la vit encore
Briller; le lendemain, on la cherchait aux cieux
Sans pouvoir la trouver. O sort mystérieux !

MILLEVOYE.

LA CHARITÉ.

—

Messagère du ciel, qui descend sur la terre,
Pour consoler le pauvre et calmer sa douleur,
La Charité s'arrête au seuil de la chaumière
Et s'assied au foyer où passa le malheur.

Si l'enfant, en jouant, aperçoit sur la route
La Charité qui vient visiter son réduit,
Il traverse en tremblant le grand bois qu'il redoute,
Pour arriver plus vite et l'annoncer sans bruit.

La pauvre mère en pleurs, qui le matin soupire,
Et demande au passant le pain qui doit nourrir
La faim du foyer, voit la charité sourire,
Et lui tendre la main pour l'aider à souffrir.

Le vieillard, qui n'a plus ni gîte, ni famille,
Gémit sur un grabat à l'heure de la mort,
Quand vient la Charité, sublime et noble fille,
Qui lui ferme les yeux, le console et l'endort.

Le soldat oublié dans les champs du carnage
Cherche partout un frère, à qui dire en mourant :
Adieu, quand apparaît une céleste image,
La Charité, prenant sa place et soupirant.

Le riche, qui s'endort dans la profonde ivresse
Des plaisirs, a besoin le matin d'oublier
Et de faire oublier sa coupable faiblesse ;
La Charité pour lui va donner et prier.

La Charité s'enfuit quand sa tâche est remplie,
Abandonne ces lieux pour remonter au ciel,
Temple magique, où vit ce que la terre oublie,
Où rien ne doit finir, où tout est éternel.

CASIMIR DELAVIGNE.

PREMIERS PAS [1].

—

Vois ce jeune agneau sous l'ombrage,
Tout joyeux, il prend ses ébats ;
Il broute déjà le feuillage
Et laisse sa mère là-bas.

Déjà l'abeille printanière
S'abat sur le lis et le thym
Et butine comme sa mère
Dès les premiers feux du matin.

Le roitelet rase la terre,
Il fait son nid et se blottit
Sous l'arbre où l'appelle sa mère,
Et pourtant il est bien petit.

Et toi, fillette blanche et rose,
Pourquoi, pourquoi ne veux-tu pas
Laisser ton pied où je le pose
Et essayer tes premiers pas?

[1] A une jeune mère de famille qui m'avait prié de demander à un Esprit quelques vers pour sa petite fille essayant encore ses premiers pas.

Viens jouer sous le vert feuillage
De la tonnelle... Ah! c'est en vain !
Dans ton innocent bavardage,
Tu me dis encore à demain.

Toujours demain ! Mais demain passe,
Enfant, et tu ne marches pas,
Et ta pauvre mère se lasse
Quand elle t'endort dans ses bras.

Un Esprit.

LA FOI.

C'est la modeste fleur qui croît dans la prairie,
Qui fleurit dans les bois, qui se fane et languit
Sur les bords du ruisseau dont la source est tarie,
Qu'on arrache le jour et qui renaît la nuit.

C'est l'épi blond des blés qui balance sa tête
Sous le souffle amoureux de la brise du soir,
Qui la courbe en pleurant, quand passe la tempête,
Et la lève en riant, quand blanchit le ciel noir.

C'est le rocher des mers dont la masse imposante
Écoute pour rêver la voix des flots trembler,
Et voit avec dédain la vague menaçante
Qui veut l'anéantir et ne peut l'ébranler.

La Foi vient sur la terre éclairer notre route
Et diriger nos pas. Son éternel flambeau
Luit toujours devant nous et fait pâlir le doute
Qui rampe à nos côtés jusqu'au seuil du tombeau.

Jadis on accourait admirer les préceptes
Que le Christ enseignait dans de doux entretiens ;
Sa voix charmait la foule, enfantait des adeptes,
Et la Foi les sauvait en les faisant chrétiens.

Mais vois ce pèlerin qui, joyeux, s'achemine
Vers de lointains pays. Il marche sans trembler ;
Son front est noble et pur, sa parole est divine ;
C'est l'apôtre du ciel que la Foi fait parler.

Plus loin, c'est un bûcher. Déjà grandit la flamme,
La prison est ouverte. Un chrétien va sortir.
Il s'avance au supplice en élevant son âme
Vers Dieu. C'est un héros que la Foi fait martyr.

CASIMIR DELAVIGNE.

LES PETITS MOUCHERONS.

—

Un petit moucheron demandait à sa mère,
Un jour, de corriger sévèrement son frère,
Qui l'avait, disait-il, querellé le matin
Et battu sans pitié pour avoir le butin
Qu'il avait amassé péniblement la veille,
Sous le pampre glissant et mouillé de la treille.
La mère fit venir le méchant aussitôt :
« Qu'avez-vous fait, petit, du butin que tantôt
« Je vis sur une pierre au seuil de votre porte?
« Allez me le chercher, je veux qu'on me l'apporte.
« Et vite, entendez-vous! » « Il est mangé, ma mère,
« Dit bas le moucheron; depuis deux jours mon frère
« M'enlève le butin que j'emporte au logis.
« Tourmenté par la faim, à mon tour j'ai commis
« Un petit larcin; mais il est si petit, mère,
« Que vous ne voudrez pas repousser ma prière,
« Et ne pas accorder ce qu'on me donne ailleurs :
« Un pardon à ma faute, un sourire à mes pleurs. »
« C'est bien; dis à ton frère, en rentrant, que sa mère
« Voudrait l'entretenir d'une pressante affaire. »
L'enfant apparaît. « Ah! petit impertinent,
« Dit la mère en courroux, partez incontinent.

« Je ne veux plus vous voir. Mon arrêt est sévère,
« Mais vous saurez du moins que mentir à sa mère
« En accusant un frère est un double méfait
« Qui n'a point grâce ici. — Partez, le mal est fait,
     « Vos larmes sont stériles
     « Et vos vœux inutiles. »

Un Esprit.

LES QUATRE SAISONS

A LA CAMPAGNE.

-∞-

L'HIVER.

—

Quand le frileux hiver, au front du vieux château,
En décembre a jeté son froid et blanc manteau,
On n'entend plus chanter la joyeuse fauvette,
Le soleil ne vient plus blanchir la maisonnette,
Le berger ne va plus conduire dans les champs
Son troupeau. Le ruisseau ne redit plus ses chants,
Et captif et pleurant dans sa prison de glace,
Il trompe le passant cherchant en vain sa place.

Le vent avec fureur vomit ses tourbillons,
Balayant devant eux la neige des sillons ;
La feuille du bois semble, en glissant sur la route,
Soupirer, et fait peur à l'enfant qui l'écoute.
Au détour du chemin, le loup, quand vient la nuit,
Se met en embuscade et fuit au moindre bruit ;
Le corbeau, dans les airs, battant ses larges ailes,
Vole au donjon chercher un nid dans ses tourelles ;
Le brouillard, en tombant sur la nature en deuil,
Semble montrer la mort et cacher un cercueil.
Tout est triste. — Et pourtant, au foyer du village
Tous les soirs on s'assemble ; on chante, c'est l'usage,
La gloire du pays, l'ivresse de l'amour,
Les beaux jours du printemps et son prochain retour.
Le jeune homme folâtre et le vieillard tisonne,
La grand'mère raconte et sa fille frissonne.
Le plaisir pour chacun et la gaieté pour tous.
Tel est le frais refrain de ces aimables fous.
Ne vous semble-t-il pas que Dieu, dans sa sagesse,
Mit au dedans la joie, au dehors la tristesse ?

————

LE PRINTEMPS.

—

Quand le joyeux printemps vient de sa tiède haleine
Embaumer les vallons, les coteaux et la plaine,

Le tendre rossignol se cache au fond des bois
Pour imiter des cieux, l'inimitable voix;
Le gai ruisseau redit sa chanson monotone
Sous la ronce enlacée au vert mai qui boutonne;
L'arbuste avec ivresse abandonne au zéphir
Sa fleur où Dieu posa des perles de saphir;
La séve, en arrosant la branche languissante,
Laisse tomber ses pleurs sur la feuille naissante;
L'oiseau travaille au nid où le bonheur l'attend;
Le tendre agneau soupire et la brebis l'entend;
La rose avec amour emprisonne l'abeille
Dans son calice d'or qui l'enfermait la veille;
L'insecte en sortant trouve, au seuil de sa prison,
L'air pur et le rayon, la brise et le buisson;
L'hirondelle, gentille et vive messagère,
Des beaux jours, se repose au nid qui la vit mère;
La nuit est calme et pure; on n'entend sous les cieux
Que murmures éteints, que chants harmonieux.
Tout rit autour de nous, et pourtant au village
Le Foyer n'est plus gai. — La fillette volage,
Quand arrive le soir, déserte le hameau
Pour aller s'amuser et danser sous l'ormeau.
La grand'mère à la nuit va visiter l'étable.
Le père, endormi, reste accoudé sur la table.
Le vieillard au lit cause au nouveau-né qui dort
En rêvant dans les cieux, et fait un rêve d'or.
L'enfant entre ses dents murmure la prière
Qu'il apprit autrefois aux genoux de sa mère.

Tout est froid, tout est triste à l'âtre du logis
Qu'égayait en hiver la chanson des amis.
Ne vous semble-t-il pas que Dieu, dans sa sagesse,
Mit au dehors la joie, au dedans la tristesse ?

———————

L'ÉTÉ.

—

Quand le brûlant été vient sur son char poudreux
Jeter sur son chemin son tonnerre et ses feux,
La perdrix dans les blés va chercher pour retraite
Leurs tortueux sillons ; elle est folle et distraite ;
Au moindre petit bruit, on la voit qui s'enfuit
Cherchant un autre gîte où s'abriter la nuit.
Le ruisseau ne peut plus arroser la prairie,
Son lit désert est vide et sa source est tarie ;
L'oiseau ne chante plus sa chanson d'autrefois,
Il a quitté les champs pour rêver dans les bois ;
Les épis paresseux courbent leurs lourdes têtes
Au souffle du zéphyr comme au vent des tempêtes ;
Au penchant des coteaux le pampre jaunissant
Semble à regret montrer ses fruits mûrs au passant ;
Le flot qui parle bas à la vague attentive
Ne désaltère plus le sable de la rive ;
Le feu follet des nuits voltige au bord de l'eau
Comme un Esprit en peine errant sur son tombeau ;

Le soleil apparaît, grand géant dans la plaine,
Ses baisers sont brûlants, mortelle est son haleine.
Il est midi. — Déjà le moissonneur a pris
Le sentier détourné qui ramène au logis ;
La ferme a clos sa porte aux bruits de la vallée
Pour endormir son hôte un instant. — Éveillée,
La ménagère est là qui bientôt, par ses chants,
Devra le réveiller pour l'envoyer aux champs.
Il retourne à pas lents achever sa journée,
Faire ce qu'il avait fait dans la matinée,
Faucher les longs sillons, lier les épis d'or,
Former la lourde gerbe et charger son trésor
Qu'il a peine à porter sur sa tête courbée,
Pour regagner son gîte à la brune tombée.
La fatigue le tue. Il mange en arrivant,
Dort, et le lendemain repart en se levant.
Ne vous semble-t-il pas que Dieu, dans sa sagesse,
Mit nulle part la joie et partout la tristesse?

L'AUTOMNE.

—

Quand le pâle et prodigue automne, avec largesse,
Abandonne à nos champs, dans une nuit d'ivresse,
Ses plus riches trésors, les fruits mûrs aux vergers,
Les raisins à la treille et leurs parfums légers,

4

Le pur ruisseau revient égayer la prairie
Et redit sa chanson à sa rive attendrie;
Le souffle des zéphyrs, tiède comme au printemps,
Glisse dans les roseaux amoureux de leurs chants;
La feuille du buisson, en tombant sur la terre,
Semble chercher plus loin le bois et son mystère;
Le pâtre matinal ramène ses troupeaux
Dans les prés, en soufflant dans ses légers pipeaux;
L'hirondelle, qui rôde autour de la fenêtre,
Demande à visiter le toit qui la vit naître;
On dirait que son chant triste et mystérieux,
Aux hôtes du logis veut dire ses adieux;
L'abeille au point du jour bourdonne dans la treille
Et s'enivre aux parfums qui l'enivraient la veille.
Dès que le frais matin, blanchissant l'horizon,
De ses premiers rayons éveille la maison,
La fillette se lève et bientôt, sur la route,
Égrenant la chanson que chaque aurore écoute,
La serpette à la main, les jupons relevés,
A la vigne elle accourt. — Ses pieds nus sont lavés
Par la fraiche rosée. Alerte et courageuse,
On la voit dans les rangs gronder la vendangeuse
Qui s'amuse à causer sans remplir ses paniers;
Le père, un peu plus loin, commande aux ouvriers;
Les sillons sont revus deux fois par la grand'mère
Qui ramasse en passant les grains tombés à terre;
Le jeune homme au logis conduit les tonneaux pleins;
s lits sont préparés pour coucher les raisins.

L'enfant jette en jouant l'éclat d'un joyeux rire
Autour du vieux pressoir qui sous son poids soupire
En dégorgeant à bas le trop plein de son cœur.
Déjà, dans les bassins, la vermeille liqueur
Fait couler ses flots d'or; son écume embaumée
Jette au loin ses parfums et sa blanche fumée.
Tout le monde est rentré. — Chacun goûte à son tour,
En chantant sa chanson, le vin nouveau du jour.
Ne vous semble-t-il pas que Dieu dans sa sagesse
Ne voulut point mêler la joie à la tristesse?

LES QUATRE SAISONS.

—

Pourquoi? me diras-tu, toi qui veux tout savoir.
Le pourquoi n'est pas loin, d'ici tu peux le voir.
Les âges du temps sont les âges de la vie :
L'hiver, c'est la vieillesse à la main engourdie,
Aimant à la chauffer au coin de son foyer,
Ne sachant plus que rire et causer et prier.
Le printemps, c'est l'enfance essayant sur la rive
Ses premiers pas sous l'œil de sa mère attentive,
Aimant le soleil, l'air, les chansons et les jeux.
L'été, c'est l'homme ardent, égoïste et fiévreux,

Poursuivant la Fortune et sa trompeuse image
Du réveil au sommeil, — et dressant au rivage
Un autel pour venir fixer son sceptre d'or.
L'automne est l'homme heureux et content de son sort,
Remplissant ses devoirs sans orgueil, ni faiblesse,
Et cueillant au matin de sa verte vieillesse
Le fruit de ses travaux : le bien-être du peu
Qu'il trouve sur sa route et qui lui vient de Dieu.

André Chénier.

LA PRIÈRE.

—

La prière est la fleur qui vit dans le mystère,
Qui gémit sous la feuille et sourit au passant,
Qui livre ses trésors à la brise légère,
A l'air frais du matin, aux feux du jour naissant.

C'est le faible rayon tremblant dans la nuit sombre
Qui distrait le malade attendant le sommeil,
Qui perce le donjon, qui se glisse dans l'ombre
Et vient du prisonnier égayer le réveil.

C'est un parfum subtil dont l'haleine embaumée
Touche, saisit, pénètre et dilate nos sens.

Dans nos temples sacrés, c'est la blanche fumée
Qui monte vers les cieux quand on brûle l'encens.

Source d'eau vive et pure, elle arrose la terre
Où naît la Charité, où s'élève la Foi,
Où vole l'Espérance, où règne le mystère,
Où descendit le Christ, où s'établit sa loi.

En aimant, nous prions. Au matin de sa vie,
Dans son premier baiser, l'enfant semble prier.
Sa prière est l'amour. Elle est pure et bénie,
Elle apporte la joie et la paix au foyer.

En souffrant, nous prions. La pauvre mère en larmes
Qui demande au tombeau l'espoir de ses vieux ans :
Sa fille qui n'est plus, offre à Dieu ses alarmes
Pour prière. Holocauste égal à ses tourments.

En donnant, nous prions. La charité qui donne
Au foyer noir et froid, où vient s'asseoir la faim,
Va pleurer et prier près du Dieu qui pardonne
Pour celui qui l'envoie au toit laissé sans pain.

Un Esprit.

A NINA.

—

Nina ! pourquoi sans cesse
Dépenser ta jeunesse
A pleurer un amour
Qui n'a duré qu'un jour?

Les abondantes larmes
Qui tombent de tes yeux
Flétriront tous tes charmes
Sans attendrir les cieux.

Nina, pourquoi sans cesse...

Les plaisirs de la terre
Passent comme un essaim
De la mouche éphémère
Qui ne vit qu'un matin.

Nina, pourquoi sans cesse...

Viens plutôt sur la pierre,
Où repose mon corps,
Réciter, pour prière,
La prière des morts.

Nina, pourquoi sans cesse...

Dans une autre patrie
Tu me verras un jour,
Vivant une autre vie,
T'aimer d'un autre amour.

Nina, pourquoi sans cesse...

Alfred de Musset.

LA POULETTE ET LE RENARD.

—

Le long d'un étroit sentier,
Une poulette égarée,
Bien loin de son poulailler,
Racontait, tout éplorée,
Aux gens qu'elle rencontrait
Sa lamentable aventure ;
Quand un renard, qui rentrait
Au terrier, cherchant pâture,
La vit et vint la trouver :
« Pourquoi ces larmes, ma mie ?
« Ne puis-je donc vous prouver,
« Une fois dans votre vie,
« Qu'à tort je suis accusé
« De toujours vous chercher guerre ?

Dit gaiment le vieux rusé.

« Voyons, qu'avez-vous, ma chère? »

« — Ah ! reprit la poule en pleurs,

« Comment retrouver le gite

« Où j'ai laissé mes deux sœurs?

« La nuit arrivera vite,

« Et ce sera fait de moi. »

— « Non dà, dit le saint ermite,

« Ne crains rien, console-toi.

« J'irai moi-même, petite,

« Te conduire au poulailler ;

« Je suis connu de ta mère ;

« Souvent même à son foyer

« J'ai passé la nuit entière.

« Et, quand venait le matin,

« Je la voyais à ma place

« M'apporter riche butin

« Et en garnir ma besace

« Pour nourrir mes nouveau-nés

« Au retour de mon voyage.

« Oh ! ces moments fortunés

« Me rappellent ton village,

« Ta maison et l'humble cour,

« Où je contemplais ta mère,

« Tous les soirs, avec amour.

« Viens, appelle-moi ton frère

« Et laisse-moi t'embrasser. »

La poulette confiante

De ses bras veut l'enlacer,
Quand une bouche béante
S'ouvrit et la dévora.

Celui qui se dit sans cesse
Votre ami, vous trompera.
Si vous avez la faiblesse
  De croire à son serment,
  Presque toujours il ment.

JEAN.

PENSÉE SUR DIEU.

—

Dieu ! nom sublime et grand qui fait trembler la terre
Et tressaillir les cieux, qui voit vieillir les ans
Et ne vieillit pas ! Saint et éternel mystère,
Son berceau fut la nuit et le voile des temps !

Dieu ! Dieu qui créa tout, qui se créa lui-même,
Qui créa l'univers et lui donna des lois,
Qui fit subir à tous sa volonté suprême,
A l'esclave, au tyran, aux sujets et aux rois !

Dieu ! fantôme effrayant qui tourmente le doute,
Ce pygmée orgueilleux qui mesure un géant

Quand il cherche partout et ne voit sur sa route
Que l'œuvre du hasard, l'ouvrage du néant !

Dieu ! Roi du monde entier, qui conduit dans l'espace
Tous ces globes de feu gravitant vers les cieux,
Qui leur trace le cercle et leur fixe la place
Où chacun doit remplir son cours mystérieux !

Dieu ! maître omnipotent, qui commande au tonnerre
Quand il vomit ses feux sur la cime des monts,
Qui commande au torrent, quand il jette à la terre
Ses flots noirs mugissant comme les noirs démons !

Dieu ! foudre de la guerre, invisible génie,
Qui préside aux combats d'un peuple de guerriers,
Protége du drapeau l'aigle qu'il a bénie
Et partage aux vainqueurs les palmes des lauriers.

Dieu ! source de bonté ! Dieu, qui toujours oublie
Et l'orgueil du coupable et son fol abandon ;
Qui ne maudit jamais et répond à l'impie
En lui montrant au ciel l'amour et le pardon !

Chrétien, c'est là ton Dieu ! Sa sagesse infinie
Plaça sur le chemin qui conduit à son port
Trois bornes à franchir : l'épreuve de la vie,
Les ennuis de l'exil, les doutes de la mort.

      CASIMIR DELAVIGNE.

LE CANARI ET L'ENFANT.

—

Un petit canari, prisonnier dans sa cage,
Voyait, tous les matins, un enfant de son âge,
Accourir à l'aurore et lui tendre le pain
Qu'il venait becqueter dans sa petite main.
Ils s'aimaient tendrement. Un jour, avec mystère,
Le rusé canari lui fit cette prière,
A travers les barreaux de sa triste prison,
Et entre deux couplets de sa fraîche chanson :
« Pourquoi donc, lui dit-il, me tenir dans ma cage,
« Enfermé tous les jours ? Croirais-tu que volage,
« Oubliant ton amour, insensible à tes pleurs,
« Loin de toi pour toujours, je pourrais vivre ailleurs ?
« Le soleil est si beau, la rosée est si pure !
« Ah ! laisse-moi dehors adorer la nature !
« Ne peux-tu pas ouvrir ma porte le matin ?
« Je n'irai qu'à deux pas amasser mon butin,
« Deux ou trois fleurs au plus recevront ma visite,
« Et puis, je te promets de rentrer à mon gîte. »
Le pauvre enfant séduit et croyant aux aveux
De son sincère ami, souscrivit à ses vœux.

Le canari joyeux vers un lointain bocage
S'enfuit, et ne revint plus jamais à sa cage.

  On promet aisément,
  Mais on tient rarement.

CASIMIR DELAVIGNE.

RÊVERIE.

—

La nuit, il arrive parfois,
Qu'à tes oreilles, une voix
Murmure une plainte légère
En t'appelant. C'est la prière
D'une âme en peine. Enfant, dis-moi,
Sa voix te fait trembler. Pourquoi?
Ne sais-tu pas qu'une autre vie,
Alors que la tienne est finie,
Commence, et que peut-être un jour
Tu viendras, comme elle, à ton tour,
Faire entendre ta voix plaintive,
Et redire aux bords de la rive
A tes anciens amis surpris
Tout ce que souffrent les Esprits

Qui n'ont pas voulu sur la terre
Exaucer des morts la prière,
Tourmentant toujours leur sommeil,
Attristant toujours leur réveil?

UN ESPRIT.

A M. H...,

Director of a British Institution [1].

—

Cher monsieur et ami, qui m'accusez peut-être
D'avoir fui le bonheur, sans vouloir le connaître,
En fuyant votre toit, où l'esprit familier
Mit ces mots à la porte : « Indulgence au foyer. »
Trois mots qui ne sont plus qu'une vieille formule
Que dit l'élève au maître, en voyant la férule,
Qu'on retrouve souvent dans les romans du jour,
Surtout au dénoûment d'un malheureux amour;

[1] M. H.... m'avait offert une place dans son institution, place que j'avais refusée. Huit jours après, alors que ce souvenir était tout à fait effacé, j'obtins cette communication.

5

Que répète à voix basse un amant à sa belle,
Quand, volage, il implore une faveur nouvelle,
Et qu'on redit soi-même, à ce père attristé
De voir que son enfant n'a pas mieux profité
De nos leçons; des mots, qui ne sont plus qu'un mythe
Que le siècle abandonne et que le sage abrite.
Le sage, entendez-vous? Où pouvais-je être mieux
Pour couler, loin des miens, quelques moments heureux?
C'est vrai. Que voulez-vous ? Tous les jours il arrive
Qu'un pilote trompé s'écarte de la rive
Où les vents l'ont conduit, et va chercher plus loin
Le calme et le repos dont il a tant besoin.
Pourtant on ne saurait le taxer de folie;
Il croit toujours bien faire. Et souvent on oublie,
En l'accusant ainsi, qu'il écoute la voix
De son Dieu, de ce Dieu qui soumet à ses lois
Et l'homme et son destin. Quoi qu'il en soit, j'espère,
Très cher monsieur, avoir encor ma grâce entière,
Si jamais le hasard nous rassemblait un jour
Aux lieux où je vous vis, et vous dire à mon tour :
Mon foyer n'est pas grand, mais venez; une place
Est vide et vous attend tous les jours que Dieu fasse;
Venez, mon noble ami, votre cœur m'est connu,
Et votre nom m'est cher. Soyez le bienvenu.

CASIMIR DELAVIGNE.

A MA FILLE.

—

L'ombre de ton passé vient-elle quelquefois,
Chère enfant, dans tes nuits faire entendre sa voix,
Et raconter tout bas à ton âme égayée
Son histoire que, moi, je n'ai point oubliée?
Quoi? — Non. — Écoute alors. Je parle de longtemps,
Jeanne : on ne comptait point encore tes printemps.
Fraîche et belle en naissant, tu n'avais pour parure
Que les simples trésors de la simple nature :
Enfance et ses parfums, fraîcheur, de grands yeux bleus,
Un sourire divin, de longs et blonds cheveux
Que le vent caressait, et sous leurs boucles d'or
La médaille d'argent que tu portes encor.
Alors on t'admirait au foyer, au village,
Partout, et si parfois sur ton front, un nuage
De tristesse passait, tout le monde anxieux
Accourait essuyer la larme de tes yeux.
Age heureux! qui plus tard te redira sans cesse,
Et l'amour de ta mère, et sa touchante ivresse,
Quand près de ton berceau, contemplant ton sommeil,
Elle épiait sans bruit ton sourire au réveil,
T'appelait doucement, retenait son haleine,
Pour écouter ta voix qu'on entendait à peine;

Te prenait dans ses bras, te parlait sans oser
Demander à ta bouche un enivrant baiser.
Ce fut là, chère enfant, le matin de ta vie,
L'aurore de tes jours que le ciel a bénie.
Plus tard, auprès du feu, sur un tapis soyeux,
Bordé d'épais coussins, tu jouais sous nos yeux,
Bégayant dans ton frais et innocent langage
Des mots que tu semblais répéter avec rage,
Quand ta mère écoutant, ne les comprenait pas.
Parfois on aurait dit que tu parlais tout bas
Au rayon qui passait insensible à tes charmes;
Etait-ce encor pour lui que tu montrais tes larmes?
Etait-ce pour fixer le cruel près de toi
Et le voir à tes pieds t'adorant comme moi?
S'il est ainsi, Jeannette, à ses vœux infidèle,
Il devait te tromper souvent, dis-moi, ma belle,
Car tu pleurais beaucoup, si j'ai bon souvenir;
Le sommeil pouvait seul te calmer et bannir
Ta peine. Ainsi l'air tiède et la brise légère
Endorment à midi la rose printanière,
Quand l'abeille volage a délaissé son sein,
Qu'elle avait, tout au plus, effleuré le matin.
Belle encore, on voyait sur ta bouche un sourire
Qui glissait lentement et qui semblait nous dire :
« Ne me réveillez pas. Ne troublez pas l'enfant
« Qui rêve dans les cieux, son ange le défend. »
Plus tard sous le berceau de la verte tonnelle
Qu'égayait au printemps la joyeuse hirondelle,

On venait tous les soirs compter tes premiers pas.

Je crois encor te voir, tendant tes petits bras

A ta mère, écartant du vert chemin la pierre

Qui pouvait arrêter ton pied dans la carrière.

Tu cheminais seulette en ouvrant tes grands yeux,

Et soupirait parfois en regardant les cieux,

Pour les prendre à témoin de ton faible courage,

Et t'aider à finir ton ennuyeux voyage.

Plus tard enfin, ce Dieu qui nous fit tant heureux,

Voulant nous éprouver, nous sépara tous deux.

Aujourd'hui, loin de toi, triste et rêveur, Jeannette,

Je pleure ce passé que toujours je regrette,

Et je demande à Dieu, pour dernière faveur,

De retrouver un jour ce suprême bonheur;

De revoir l'horizon de ce ciel, où l'aurore

M'apportait au réveil ta voix qui berce encore

Mes rêves dans la nuit; d'avoir comme autrefois

Ton sourire et tes chants; de pouvoir à la fois

T'aimer, te voir, t'entendre, et de finir ma vie

Où commença la tienne, à l'ombre rajeunie

De mes vieux souvenirs, sous le toit des aïeux,

Au foyer qui jadis m'éclairait de ses feux.

ANDRÉ CHÉNIER.

RÉPONSE A UN CRITIQUE[1].

—

Sache bien que ces vers, noble et plaisant railleur,
Nous ont coûté souvent de longs jours de labeur,
Et qu'en venant ici, nous préparons d'avance
Le sujet qu'on doit lire à votre conférence;
Encore ce sujet est-il de notre choix.
Voudrais-tu, par hasard, nous imposer tes lois?

UN ESPRIT.

UN ESPRIT SOUFFRANT.

—

Où suis-je? Je l'ignore;
Mes nuits sont sans aurore
Et mon profond sommeil
N'a jamais de réveil;

[1] Un critique demandait un jour dans un groupe où je me trouvais, pourquoi je ne traitais point les sujets mis à l'étude. Uu Esprit répondit spontanément par les vers suivants.

Je ne vois plus l'étoile
Tous les matins, sans voile,
Blanchir aux pâles feux
Du jour mystérieux.
Je ne vois plus au Ciel
Ton soleil éternel
Décrire, dans l'espace,
Un cercle qui s'efface,
Et que l'on cherche en vain
Le soir, à son déclin.
Le monde que j'habite
Me semble sans limite.
Mes vœux sont superflus;
Je ne retrouve plus
Les baisers de ma mère
Et l'amitié d'un frère
Que j'ai connu vingt ans,
Que j'ai pleuré longtemps !
Depuis lors sur la terre,
Presque tous les jours j'erre,
Sans pouvoir rencontrer
Ame à qui murmurer
Ma faible et triste plainte,
Sans inspirer la crainte,
Qu'inspirent les maudits.
Toi seul tu m'entendis !
Oh ! tu viendras peut-être
Me faire enfin connaitre

Ce monde où, sans amis,
Je souffre et je gémis,
Loin des miens, sans prière,
Sans repos, sans lumière,
De tous abandonné
Comme un Esprit damné.

UN ESPRIT SOUFFRANT.

A TOI.

—

Tu cherches vainement
A parler à ta mère ;
Tous les soirs tristement,
Je viens sur ta paupière
En secret déposer,
Pour consoler ta peine,
Le maternel baiser
Dont la trop faible haleine
Ne peut plus aujourd'hui
Te dire la tristesse
De celle qui t'a fui
En te pleurant sans cesse.

Dieu fait bien ce qu'il fait,
Enfant, crois-en ta mère :
Un bonheur trop parfait
Troublerait ta prière
Qui rafraîchit mon corps
Et mon âme oubliée
Dans le noir champ des morts,
Où ton Dieu l'a liée.

Ta Mère.

Interrogée pourquoi, ne pouvant jamais communiquer avec moi, elle avait pu parler un langage qui lui était tout à fait étranger, elle ajouta :

Un noble inconnu, près de toi,
Tout couvert de riches insignes,
Ce soir, a pris pitié de moi,
Et m'a dicté tout bas ces lignes.

Ta Mère.

LA TOURTERELLE ET LE PIGEON.

—

Pourquoi, pourquoi ces larmes
Qui vieillissent tes charmes?
Disait, au pigeonnier,
Un pigeon prisonnier
A blanche tourterelle
Aussi triste que belle.
Pourquoi pleurer toujours
Ton donjon et ses tours,
Ta natale prairie
Et sa rive fleurie,
Tes frais et purs ruisseaux
Jouant dans les roseaux,
Et la blanche bruyère
Parfumant la clairière
Du bois mystérieux
Qu'habitaient tes aïeux ?
C'était joyeuse vie,
Oh ! j'en conviens, ma mie ;
Mais, dis-moi, ces beaux jours
Ne duraient pas toujours ;
L'hiver arrivait vite,
Apportant à ton gîte

La faim, le froid, les pleurs,
Trois mortelles douleurs
Qu'ici tu ne vois pas.
C'est vrai, reprit tout bas
La blanche tourterelle,
Que veux-tu ? Je suis telle,
Je préfère l'air de la liberté
A tous les biens de la captivité.

JEAN.

LA PRIÈRE DES ESPRITS.

—

Je suis vraiment touché de te voir, triomphant
Des préjugés du jour, évoquer, cher enfant,
En priant, et blâmer la logique impuissante
Et les vains arguments d'une secte naissante,
Qui prétend que l'Esprit accomplit un devoir,
Quand il vient à ta voix, trop heureux de pouvoir,
En subissant tes lois, fuir et quitter plus vite
Le séjour ennuyeux du monde qu'il habite,
Pour s'envoler enfin vers ces rives sans bords
Que n'attristent plus l'ombre et la plainte des morts.

Ce sont là de grands mots et des phrases connues.
Mais s'il vient dévoiler les beautés inconnues
De ces mondes sans nombre, ouvrir les horizons
Des temps, et enseigner dans de longues leçons
Le principe et la fin de ton âme immortelle,
La grandeur de ton Dieu, sa puissance éternelle,
Sa justice infinie et son sublime amour,
Noble railleur, réponds : diras-tu qu'en retour,
S'il te demande un jour une courte prière
Il est trop exigeant, quand souvent sur la terre,
Pour avoir des faveurs qu'on achète toujours,
On te voit suppliant, mendier tous les jours,
A la porte des grands, comme un pauvre mendie,
En soupirant, le pain qui doit nourrir sa vie?
Oh! crois-moi, cher enfant, malheur, trois fois malheur
A celui qui, toujours oubliant la douleur
Et les larmes de sang de ce monde invisible,
En écoutant ma voix reste encore insensible,
   S'il ne vient à genoux
   Prier son Dieu pour nous!

CASIMIR DELAVIGNE.

LA FAUVETTE ET LE MERLE[1].

—

Dans un mystérieux bocage,
Caché sous le naissant feuillage
  De verts lilas, tous les ans
  On entendait au printemps
Une gracieuse fauvette
Chanter sa fraîche chansonnette.
  Les oiseaux d'un bois lointain
  Accouraient chaque matin
Se placer près d'elle en silence
Pour écouter mieux la cadence
  Que sa voix pure filait,
  Egrenait et modulait
Avec une grâce infinie.
Un jour que l'hymne était finie,
  Qu'on acclamait la Diva,
  Un étranger arriva,
Un jeune merle au noir plumage,
Qui se mit à siffler de rage

---

[1] Réponse à une critique de mes vers intitulée : « A mon livre, » faite un peu trop légèrement vendredi dernier par un inconnu que je ne vois pas ici ce soir. (P. 3.)   ALFRED DE MUSSET.

La monotone chanson
Qu'on admirait sans raison.
La fauvette soudain s'arrête,
Sourit, et dit au trouble-fête :
« Vous qui sifflez si bien vous devez bien chanter !
Ne pourrait-on, beau merle, un jour vous écouter? »
Le merle, sans répondre, aussitôt prit la fuite.
Pourquoi ? devinez-le....,.

Bonsoir, moi je vous quitte.

ALFRED DE MUSSET.

UN ESPRIT SOUFFRANT[1].

—

Hier, dans mon réduit,
J'ai cru voir dans la nuit
Une pâle lumière
Qui blanchissait la pierre
Supportant le poteau,
Où fut scellé l'anneau

---

[1] Cette communication fut obtenue quinze jours après la première communication du même Esprit. (Voir page 51.)

De l'invisible chaîne,
Que tous les jours je traîne
En agitant ses fers,
Au fond de mes enfers.
Alors je crus entendre
Du haut des cieux descendre,
Dans ma froide prison,
Un triste et faible son ;
On eût dit une plainte,
Ou mieux une hymne sainte
Que chantait une voix
Douce et pure à la fois.
Serait-ce toi, ma mère?
Serait-ce la prière
Qu'aux genoux de ton fils,
Devant le Crucifix,
Tu disais en silence,
Aux jours de son enfance?
Je ne sais, mais je crois
Reconnaître ta voix ;
S'il est vrai, viens encore
Prier à chaque aurore.
Ton fils est moins troublé,
Son ciel est moins voilé ;
Il voit l'autre patrie
Où commence la vie
Et où finit la mort;
Il voit ce divin port,

Où l'âme naufragée,

D'un lourd passé chargée,

S'arrête, avant d'entrer,

Prier et murmurer,

Pour attirer sur elle

Une faveur nouvelle

De son Dieu juste et bon :

La faveur du pardon.

UN ESPRIT SOUFFRANT.

TOUT PRIE AUTOUR DE NOUS.

La prière est un doux et pur langage
Que parlent tour à tour la blanche fleur,
Le pâle rayon, le naissant feuillage,
Le flot plaintif, la joie et la douleur.

Ici, c'est la rose orgueilleuse et fière
Ouvrant aux feux du jour son jeune sein.
Ses enivrants parfums sont la prière
Qu'elle adresse à son Dieu chaque matin.

Plus loin, c'est l'humble et timide bruyère
Qui croît et blanchit aux bords du chemin.

Sa suave senteur est la prière
Qui monte vers les cieux chaque matin.

Ici, la mer, dans un profond mystère,
Vient mourir sur un rivage lointain,
En soupirant. Sa plainte est la prière
Que répètent ses flots chaque matin.

Là, le ruisseau, sous la ronce et la pierre
Qui bordent son mystérieux ravin,
Jase, et son frais murmure est la prière
Qu'il dit en babillant chaque matin.

Ici, la fauvette et vive et légère
Chante sur le buisson son gai refrain.
Et sa folle chanson est la prière
Qu'apportent les échos chaque matin.

Là, sous la treille, une mouche ouvrière
Bourdonne en piquant son grain de raisin,
Et son bourdonnement est la prière
Qui vient te réveiller chaque matin.

Ne vois-tu pas que la nature entière
Vient célébrer son créateur divin,
A l'heure où tout bas tu fais ta prière
Devant ton crucifix, chaque matin?

MILLEVOYE,

6.

SION !! SION !!

—

Chante, ô secrète voix ,
A son peuple qui pleure
L'invisible demeure
Où vit le Roi des rois !

Un éternel printemps,
De ses tièdes haleines,
Vient embaumer tes champs
Tes vallons et tes plaines.

Chante, ô secrète voix...

La cime de tes monts
N'a jamais vu l'aurore
Des immortels rayons
De ton Dieu qu'on adore.

Chante, ô secrète voix...

L'horizon de tes cieux,
Infini dans l'espace,

Se dérobe à nos yeux
Quand ils cherchent sa place.

Chante, ô secrète voix...

La nuit, spectre hideux
N'étend jamais son ombre
Sur les magiques feux
De tes soleils sans nombre.

Chante, ô secrète voix...

Soudain parfois ton Dieu
Paraît, s'arrête et passe
Comme un globe de feu
Qui traverse l'espace.

Chante, ô secrète voix...

Viendrait-il recevoir
Au seuil de sa patrie
L'âme qui vient un soir
S'y reposer meurtrie ?

Chante, ô secrète voix...

Ou bien, noble cité,
Va-t-il sur d'autres rives

Porter la liberté
A leurs âmes captives?

Chante, ô secrète voix...

Je ne sais, mais alors
Des torrents d'harmonie
Descendent sur les bords
De ta plage bénie.

Chante, ô secrète voix...

Et leurs flots, en touchant
L'herbe de tes rivages,
Jettent un dernier chant
Que diront tous les âges.

Chante, ô secrète voix...

Salut, monde éternel,
Sion, noble refuge
Où l'âme sous ton ciel
Attend son divin Juge.

Chante, ô secrète voix...

UN ESPRIT.

A MON PÈRE[1].

—

Cher père, il ne me fut jamais permis
De tenir ce que je t'avais promis,
Quelques vers, faible souvenir sans doute,
Mais encore fallait-il sur ma route
Trouver un poëte à qui les loisirs
Permettent de répondre à mes désirs.
Depuis que j'ai fui ton toit solitaire,
Je n'ai jamais rencontré sur la terre,
Médiums, pour chanter comme autrefois,
Ce que de saintes et magiques voix
Murmuraient si souvent à mes oreilles
Le soir, en hiver, dans mes longues veilles.
Aujourd'hui, ton ami, prié par toi,
A bien voulu se souvenir de moi
Et m'évoquer. Merci, merci, j'espère
Lui prouver plus tard, comme à toi, mon père,
Que ton pauvre Emile est reconnaissant
D'avoir pu trouver aide aussi puissant,

[1] M. G... m'ayant prié d'évoquer son fils, qui s'était beaucoup occupé de poésie sur la terre, j'obtins de lui cette communication.

Pour communiquer enfin sa pensée,
Et travailler à la tâche imposée
Par un modeste mais solennel vœu
Qu'en fuyant la tombe, il fit à son Dieu.
J'ai promis d'aimer, d'instruire mes frères,
D'unir mes prières à leurs prières,
De proclamer partout la Liberté
Et de prêcher à tous la Charité.
J'ai promis de flétrir la folle ivresse
Des plaisirs, et l'orgueilleuse richesse
Qui fait chasser par ses hautains valets,
Le pauvre assis au seuil de ses palais.
J'ai promis de combattre l'égoïsme
Qui croit, appelle et déclare héroïsme
Vivre seul, jouir seul et souffrir seul,
Et meurt drapé dans ce triste linceul,
En jetant à son siècle l'anathème.
En vomissant à son Dieu le blasphème.
J'ai promis d'écraser le vil serpent
Qui se traîne sous nos pieds en rampant,
Et dégorge le venin de l'envie
En souillant la blanche fleur de la vie.
J'ai promis de planter notre drapeau,
Et sur le fort du féodal château,
Et sur le toit de la pauvre chaumière;
Partout où je pourrai trouver un frère
A qui dire ces mots du Christ : Priez,
Priez, priez toujours, frère, et croyez;

Si vous priez, votre faute est remise,
Si vous croyez, ma foi vous est promise.
Ce sont là les vœux que j'ai faits à Dieu
Aux bords de la tombe. Adieu, père, adieu.

EMILE G...

A MADAME D... [1].

—

Souvent à ton foyer, quand vient la nuit,
Une invisible colombe, sans bruit
Entre, sort et vient près de toi sans cesse,
Te demander en vain une caresse;
Sur ta tête, elle se pose un instant,
Et murmure tout bas, en voletant,

[1] Le lundi 18 juin 1866, j'étais venu prier madame D..., médium, une heure avant la séance de son groupe, de vouloir bien demander pour moi un conseil à ses bons guides. Ce fut l'Esprit d'Alfred de Musset qui répondit. Il terminait sa communication par ces mots :

« Ce soir, chère madame, je vous dédierai quelques vers. »

ALFRED DE MUSSET.

Une heure après, la séance était ouverte, et j'obtenais de ce même Esprit les vers suivants :

Un doux chant, on dirait ce doux murmure
Que tous ces mille bruits de la nature
Font entendre dans une nuit d'été,
Sur les blanches eaux du fleuve argenté,
Sur le sable fin du triste rivage,
Dans les tendres baisers du vert feuillage,
Dans les muets sentiers des bois ombreux,
Partout et sur la terre et sous les cieux.
Elle a dans son petit bec attachée
Une couronne d'épines séchée
Qu'elle a prise sous ton toit en passant.
On dirait que pour elle, trop pesant,
Ce lourd fardeau fatiguerait son aile.
Il n'en est rien. On la revoit plus belle,
Échapper aux serres de l'épervier,
Rapporter un vert rameau d'olivier.
Laisse-moi t'expliquer ce doux mystère,
Noble enfant. La Colombe est la prière
Qui visite à tous les instants du jour
Ton foyer, s'y repose avec amour,
Et quand l'infortune frappe à ta porte,
Elle ouvre, prend sa couronne et la porte
A son Dieu, fuit et va cueillir au Ciel
Le rameau de l'olivier éternel,
La paix du cœur qui console le sage
Ici-bas dans son long pèlerinage.

ALFRED DE MUSSET.

MOURIR !

Il est doux de mourir, quand on espère en Dieu,
Car on peut dire aux siens, en quittant leur rivage :
Chers amis, ce n'est point un éternel adieu
Qu'ici je vous adresse. A bientôt, bon courage !

Un Esprit.

AU MÉDIUM

QUI CROIRAIT ÊTRE PROPHÈTE.

—

Le médium, fût-il poète,
Ne sera jamais un prophète,
Ne pourra jamais lire aux cieux
Le secret des temps et des lieux,
Que son Dieu jeta sur la terre,
Enveloppé dans le mystère.
L'homme ne peut et ne doit pas
Distinguer la trace des pas

Qui, dans le chemin de la vie,
Jusqu'à son épreuve finie,
Devant lui marcheraient toujours,
En lui faisant voir les détours,
Qui doivent éveiller son doute,
Quand il cherche et choisit sa route.
Car alors, où seraient, dis-moi,
Le devoir de l'âme et sa loi?
Où serait donc son libre arbitre?
Où seraient ses droits et son titre
Qui doivent un jour tôt ou tard
A tous justifier sa part
Aux éternelles récompenses
Que promet à ses existences
Son Dieu? Non, celui qui dirait
Être prophète, mentirait.

Prise un peu trop à l'improviste,
N'ayant personne qui m'assiste,
Je ne puis achever ce soir
Ce que j'ai commencé. Bonsoir !

ELISA MERCŒUR.

A MONSIEUR D... [1].

—

Etranger parmi vous, pour la première fois,
Dans ton groupe, je viens faire entendre ma voix;
Ami, pardonne-moi, je n'ai qu'un mot à dire
Sur un certain propos que je puis, sans médire
Et sans être indiscret, répéter en ces lieux,
Au risque de passer pour bavard à vos yeux.
N'importe! Hier matin, ne sachant trop que faire,
J'errais un peu partout, comme à mon ordinaire,
Quan je vis tout à coup, au coin du boulevard,
Un visage connu que j'avais quelque part
Dû rencontrer; mais où? Je cherchai dans ma tête
Et finis par trouver que c'était le poète
Ecrivant à ta table. Il marchait d'un pas lent,
On eût dit qu'il roulait dans son cerveau brûlant

[1] Cette communication a été obtenue dans le groupe de M. D.,
le lendemain d'un jour où j'avais été consulter notre intéressant
phrénologue. Après cet entretien tout à fait scientifique, nous
causâmes de choses et d'autres. Enfin, en nous séparant, M. D.
m'adressa l'amical reproche de ne pas venir assez souvent aux
séances de son groupe. Je m'excusai le mieux que je pus; et
c'est cette causerie intime qui se trouve relatée dans cette
communication.

Quelques rêves nouveaux absorbant tout son être,
Un système, que sais-je ? Intrigué de connaître
Ce qui rendait ainsi sombre et mystérieux
Notre ami, dans un jour, où tout était joyeux,
Je me mis à sa piste, et marchant sur sa trace
Je le suivis de loin. Bientôt j'avais pris place
Près de toi, près de lui, dans ton vaste bureau,
Et là, je fus témoin d'un spectacle nouveau,
Spectacle étrange ! Mais là n'est point mon affaire.
Avant d'en parler, j'ai bien autre chose à faire.
Votre entretien fini, si j'ai bon souvenir,
Tu dis à ton ami : « Pourquoi ne pas venir
« Le jeudi plus souvent à ma courte séance ?
« Qui vous retient, parlez ?» Après un long silence
Le poëte reprit : « Ah ! mon cher, ici-bas
« On fait ce que l'on peut, ne le savez-vous pas ?
« Jamais ce que l'on veut. C'est une loi cruelle,
« C'est vrai ; mais, pouvez-vous en faire une nouvelle ?
« Tous mes jeudis sont pris et remplis jusqu'au soir,
« Sans jamais me laisser un instant pour m'asseoir
« Autour de votre table. Aussi, vois-je sans peine
« Arriver à pas lents, de la saison prochaine
« Le retour ennuyeux, pour venir plus souvent
« Travailler avec vous. » C'est bien là du savant
L'argument spécieux. Ton ami n'est pas sage,
Quand il te tient toujours cet énervant langage.
Qui lui dit que l'hiver lui donnera le temps
Après lequel en vain il courut si longtemps.

Pourquoi donc escompter l'avenir par avance,
Alors qu'on peut payer à plus courte échéance ?
Il est occupé. — Bon. — Mais il pourrait, je crois,
En se pressant un peu terminer à la fois
Et sa courte besogne et notre court ouvrage.
A tous joyeux salut, à chacun bon courage.

Un Esprit.

Tout commencer sans rien finir
Est un déplorable système,
Qui veut que devant l'avenir
Le présent doute de lui-même.

Un Esprit.

RÊVERIES D'UN POÈTE.

—

Toi, qui viens parfumer la plaine,
O brise, de ta pure haleine,
Pourquoi fuir ainsi, sans oser
Dans nos vallons te reposer ?

7.

Hélas, enfant, je dois sans cesse,
Reprit la brise avec tristesse,
Ignorant le but où je vais,
Marcher sans m'arrêter jamais.

Et toi, faible rayon qui semble
Glisser sous la feuille qui tremble
Pour ne point troubler son sommeil,
Quand tu fuis, où va ton soleil ?

Dès que le soleil qui m'éclaire,
Enfant, a quitté votre terre ,
Dit le rayon, sous d'autres cieux
Il va réchauffer d'autres lieux.

Et toi, flot qui passe à la rive,
En chantant ton hymne plaintive,
Pourquoi passer ainsi toujours
Sans jamais arrêter ton cours ?

Poussé vers de nouveaux rivages ,
Enfant, je dois sur d'autres plages ,
Dit le flot, bien des fois encor
Passer, sans m'arrêter au port.

Et toi, mystérieuse étoile
Qui de la nuit perce le voile,
Que devient ton pâle rayon
Quand il a fui notre horizon ?

Je vais, dit la timide étoile,
Guider le pilote et sa voile
Sur le gouffre de nouveaux flots
Que n'ont point vus tes matelots.

Et toi, l'ombre de Dieu, chère âme,
Que devient ta magique flamme,
Quand son corps s'endort du sommeil
Qui n'aura jamais de réveil ?

Je vais, dit la blanche colombe,
Au sortir de la froide tombe
Recommencer ma vie au lieu
Qui me fut assigné par Dieu.

MÉRY.

AUTRE RÊVERIE.

—

Laisse, enfant, laisse l'hirondelle
Sous ton toit reposer son aile ;
Ne sais-tu pas qu'à ton foyer,
C'est Dieu qui vient te l'envoyer ?

Quand tu la vois à ta fenêtre
Joyeuse, au printemps apparaître,
Crois-tu que folle en ses ébats,
Le hasard seul guida ses pas?

S'il est ainsi, cesse, enfant, cesse
De consulter la prophétesse,
Et d'écouter sa voix. — Pourquoi
Croire à ses oracles, dis-moi?

Pourquoi, quand timide et légère,
Tu la vois fuir rasant la terre,
Pourquoi donc, sans autre raison
Rentrer comme elle à ta maison?

Pourquoi, sans redouter l'orage,
Pêcheur, quittes-tu ton rivage,
Quand, plus rapide que l'éclair,
Tu la vois s'agiter dans l'air?

Pourquoi, quand un matin d'automne,
A ton foyer qu'elle abandonne,
Elle dit ses derniers adieux,
Pourquoi cette larme à tes yeux?

Enfant, ton âme est l'hirondelle
Qui vient du Ciel poser son aile

Au toit de ton humble foyer,
Quand son Dieu veut bien l'envoyer.

Comme elle, bien avant l'orage,
On la voit fuir sur ton rivage,
Et rentrer vite à sa prison ;
Alors, regarde à l'horizon.

Le Ciel est noir, et la tempête
Bientôt va passer sur ta tête ;
Comme elle, enfant, tu dois songer
A t'abriter loin du danger.

Et quand le ciel est sans nuage,
Quand tu la revois sur la plage
Chanter des beaux jours le retour,
As-tu foi dans ses chants d'amour ?

Oui, puisqu'aussitôt, sur la grève
Tu viens en paix finir ton rêve,
Un instant troublé par le bruit,
Du sombre orage qui s'enfuit.

Plus tard enfin, quand Dieu rappelle
A lui la joyeuse hirondelle,
N'as-tu pas aussi dans tes yeux
Des pleurs au moment des adieux ?

Ne pleure plus ton hirondelle,
Enfant; plus heureuse et plus belle,
Elle a bâti son nid au ciel,
Où règne un printemps éternel.

MÉRY.

SOUVENIRS.

—

Tout nouveau-né sur votre rive,
Je vis une femme attentive
Dire, en épiant mon réveil :
Ne troublez pas son doux sommeil,
Il rêve; et je naissais à peine.
Un peu plus tard, quand dans la plaine
J'effeuillais le trêfle fleuri,
On disait que Joseph Méry
Rêvait; et quand ma pauvre mère
M'asseyait sur la blanche pierre
Qui du ruisseau gardait le bord,
Elle aussi disait : Rêve encor,
Mon enfant. Plus tard, au collége,
Par haine ou par mépris, que sais-je?

Mes amis s'enfuyaient au loin
Et me laissaient seul, dans un coin,
Rêver ; et quand la folle ivresse
Des plaisirs troubla ma jeunesse,
La foule me montrait du doigt
En disant : C'est Méry qui doit
Encor rêver ; et quand, plus sage,
Presqu'à mi-chemin du voyage,
Je fus jugé comme écrivain,
On disait de moi : C'est en vain
Qu'en ses vers sa muse attendrie
Nous fait pleurer ; sa rêverie
Nous fait toujours rire : Méry,
Quoi qu'il fasse, sera Méry.
Et quand la dernière prière
Eut béni ma froide poussière,
Attentif sous mon noir linceul,
Je n'entendis qu'un mot, un seul :
Rêveur. — Eh bien ! oui, sur la terre,
J'ai rêvé, — pourquoi donc le taire ? —
Un rêve qui n'est pas fini,
Et que je recommence ici.

Méry.

A MES ANCIENS AMIS DE LA TERRE.

—

Après avoir chanté les rêves d'un amour
Qui passa comme une ombre et n'a duré qu'un jour,
Après avoir chanté cette folle maîtresse
Qui m'endormait le soir dans sa fatale ivresse,
Après avoir rempli la coupe des plaisirs
Pour étancher la soif de mes brûlants désirs,
Et vidé d'un seul trait la liqueur et la lie,
Aujourd'hui j'ai besoin de pleurer ma folie.
Chers amis, je croyais dans mon sublime orgueil,
En agissant ainsi échapper à l'écueil
De l'ennui, qui toujours m'a suivi sur la terre
Comme un spectre hideux me traînant sur la pierre
Du chemin, m'écrasant sous son pied de géant,
En me forçant à croire à l'impuissant néant,
Quand je doutais de Dieu. Sacrilége et blasphème
Qui devait attirer du Très-Haut l'anathème,
Et marquer sur mon front l'ineffaçable sceau
Que j'ai porté partout, même dans mon tombeau,
Et que j'ai retrouvé par delà votre monde
Encor rouge et saignant, comme une plaie immonde

Qui faisait fuir au loin mes amis d'autrefois,
Que j'avais vus jadis accourir à ma voix,
Et qui fermaient leurs yeux pour ne pas voir mon ombre
Se frayant un chemin dans ces déserts sans nombre,
Et demandant en vain à leur vieille amitié
Une larme à mes pleurs, à mes cris la pitié.
Arrivé dans ce monde étrange et fantastique,
J'entendis comme un bruit lugubre et satanique.
La foule allait, passait et repassait toujours
Et toujours répétait ces chants : « Folles amours,
« Vos baisers m'ont quitté, quand j'ai quitté la terre ;
« Et votre image ici n'est plus qu'une chimère. »
Alors des cris perçants et des rires stridents
Mêlaient à ce refrain leurs accords discordants.
Et puis il se faisait un morne et froid silence
Plus effrayant encor que la folle cadence
De ces chants infernaux. Et moi triste et troublé
Je cherchais sur ces bords un endroit isolé
Pour pleurer à mon aise et cacher ma faiblesse
Aux yeux de tous ces fous, qui, partout et sans cesse,
Me poursuivaient encor de leur mépris moqueur.
Ce fut un vain espoir qui glissa sur mon cœur,
Il me fallut souffrir des souffrances cruelles
Avant d'apprendre ici les doctrines nouvelles
Qui devaient de mon doute effacer la pâleur,
En me montrant le but où finit la douleur,
Le ciel, et sur sa route un flambeau qui l'éclaire :
La Foi, guidant les pas de sa sœur la Prière.

Dans ces heures de deuil, que de fois, ô Byron,
Que de fois en silence, ai-je maudit ton nom !
Ton nom, que j'évoquais, ô merveilleux Génie,
Dans mes jours de débauche et dans mes nuits d'orgie ;
Ton nom, qu'en lettres d'or, sur mon jeune drapeau
J'avais inscrit ; ton nom, que dans son noir tombeau
Mon ombre murmurait de ses lèvres glacées
Au passant écartant les branches enlacées
De mon saule pleureur, pour mieux lire mes vers
Sur mon marbre cachés par ses longs rameaux verts !
Pardonne-moi d'avoir alors troublé ton âme
Qui reposait peut-être, et rallumé la flamme
De ce foyer éteint, qui depuis si longtemps
La brûlait, le remords, ce feu vengeur du temps !
Plus tard, j'appris par toi les peines infinies
Que ton ombre, mêlée à nos ombres punies,
Eut à souffrir ici. Je le compris bien mieux
Quand, remis de mon trouble, habitant d'autres lieux,
Nouveau disciple, assis au banc de ton école,
Il fallut en entrant fouler aux pieds l'idole
Qui reçut autrefois ton hommage et tes chants ;
Il fallut, dans des vœux solennels et touchants,
Abjurer le néant et traîner dans la fange
Les fleurs de son autel. Je le fis : en échange
Tu me promis d'apprendre à connaître ton Dieu,
Ce Dieu dont la puissance, en tout temps, en tout lieu,
Partout, où ce qui naît, vit, grandit et respire
Vient peupler, sous sa main, son éternel empire,

Ce monde universel, qui fut créé par lui,
Qui ne changea jamais, et qui marche aujourd'hui
Comme il marchait hier, sous le fardeau des âges,
En troublant par ses lois et les fous et les sages ;
Ce Dieu que tant de fois mon orgueil outragea
Dans ses vers éhontés, et qui ne se vengea
Qu'en me montrant un jour, et la pauvre faiblesse,
Et les tristes écarts de ma triste jeunesse.
Et ce fut toi, Byron, qui par lui fus choisi
Pour me faire connaître et m'enseigner ici
Le néant de mon être et ma folle impuissance
Qui voulait de mon Dieu mesurer la puissance.
O mystère profond, ne te semble-t-il pas
Que Dieu, dans sa justice, ait étendu son bras
Pour nous frapper tous deux en nous faisant promettre
A moi coupable élève, à toi coupable maître,
De déchirer partout notre honteux drapeau
Et de jeter au vent son vieux crêpe en lambeau ?
De marcher sans trembler sous la sainte bannière
Que portait autrefois l'homme Dieu sur la terre,
Et de prêcher sans cesse à tous la Charité,
A tous la Foi, l'amour, à tous la vérité ?
Avant de repartir pour ce nouveau voyage,
Ah ! demandons à Dieu la force et le courage
De remplir ce mandat qui nous rendra les cieux.
Prions, prions tous deux, et nous combattrons mieux.

        Et vous, bruits de la terre,
        Passez, vous que j'aimais,

Ne troublez plus jamais
La voix de la prière.

ALFRED DE MUSSET.

REGRETS.

—

O brise qui passe
Libre dans l'espace,
Pourquoi, quand tu fuis
Les lieux où je suis,
Mon ombre rêveuse,
Triste et soucieuse,
Ne peut-elle pas,
Marchant sur tes pas,
Revoir la chaumière
Où jadis ma mère
Au coin du foyer
Me faisait prier,
Quand mon pauvre père,
Seul avec mon frère,
Affrontait pour nous
Les flots en courroux,

Et qu'après l'orage
Sur notre rivage
On ne voyait point,
En cherchant au loin
Sa frêle nacelle,
Et coquette et belle,
Côtoyer le bord
Et courir au port?
Mais, brise cruelle,
En posant ton aile
Au toit des aïeux,
Dis-moi, si tu peux
Au moins lui redire
Ce que je soupire
Si souvent ici.
Oui, merci! merci!
Dis-lui qu'à l'aurore,
Tous les jours encore,
Je pleure en secret
Ce témoin discret
De toute une vie
De larmes remplie;
Cet humble foyer,
Toit hospitalier,
Qui m'a vu paraître,
Fuir et disparaître,
A son horizon,
Comme au vert buisson,

Un rayon qui passe
Sans laisser sa trace ;
Que je vois encor
Le noir corridor,
Où j'allais timide,
Sur son mur humide,
Pendre au clou rouillé
Le filet mouillé ;
Que je vois la vieille
Et ombreuse treille,
Qui sous son feston
Cachait le fronton
De ma maisonnette
Blanche et mignonnette ;
Que je pleure enfin
Mon petit jardin,
Et son banc de pierre
Couché sur la terre,
Où l'herbe poussait,
Vivait et croissait
Dans les vingt crevasses
De ses quatre faces,
Pour mieux faire asseoir
Ses hôtes, le soir,
Qui venaient entendre,
Et le flot descendre
Et le flot monter
Sans jamais chanter,

Aux bords de la grève,
La fin de son rêve.
Souvenirs si doux,
Je vous pleure tous !
Je voudrais encore
Causer une aurore
Avec vous, aux lieux
Où, toujours joyeux,
Vous vivez; vous dire :
Votre doux sourire
Vient trop me punir ;
Cessez de venir
Rire à mon oreille ;
Mon ombre sommeille
Et vous la troublez.
Lorsque vous parlez,
Parlez bas, de grâce ;
Que le bruit efface
Vos chants trop joyeux
Pour ces tristes lieux.

Un Esprit.

SARAH!

—

Sarah l'indolente,
Belle et nonchalante,
Seule, sous les cieux
Plus bleus que ses yeux,
Assise au rivage,
Aux bruits de la plage
S'endormit un soir.
Près d'elle un miroir,
Au cercle d'ébène,
Terni par l'haleine
De son doux baiser,
Semblait reposer
Avec sa maîtresse,
Sous la longue tresse
De ses blonds cheveux ;
Dans leurs plis soyeux
Une fleur fanée,
Rose à peine née,
Pleurait le destin
D'un trop court matin ;
Et la brise folle
Glissait sur l'épaule

De Sarah, jasant,
Comme un jeune enfant
Jase un frais murmure,
Quand par aventure
Il voit sommeiller
Sa mère au foyer.
Et Sarah la fière,
Fermant sa paupière,
Se mit à causer
Tout bas, sans oser
Parler haut, de crainte
Que sa faible plainte
Ne dit son secret
Au jeune indiscret :
Pourquoi, disait-elle,
O rose si belle,
Fraîche ce matin,
Ce soir sur mon sein
Seras-tu fanée,
Et abandonnée
Par moi, sans pitié ?
Pourquoi l'amitié
Ainsi que la rose
Fraîchement éclose,
N'a-t-elle qu'un jour,
Un seul pour l'amour ?
Pourquoi mon haleine,
Effleurant à peine

Lés bords du miroir,
Fait-elle un point noir
A sa blanche glace,
Point noir qui s'efface
En ridant plus tard
Le coquet bavard ?
Pourquoi donc encore,
La naissante aurore
De mes vingt printemps,
Au souffle du temps,
La face voilée,
S'est-elle envolée ?]
Et vous, Brises belles,
Pourquoi donc, cruelles,
M'avoir pris un jour,
Mon rève d'amour
Commencé la veille ?
Pourquoi donc, pareille
A la brise, ô nuit
Des âges qui fuit,
Sous les traits d'une Ombre
Au front pâle et sombre,
Toujours emporter,
Sans nous écouter,
La vie et la joie,
Et plonger ta proie
Au gouffre sans bords
Où dorment les morts ?

. . . . . . , ...

. . . .

Alors un froid et long silence
Se fit, et, belle d'indolence,
Sarah ouvrit ses grands yeux bleus
Pour mieux interroger les cieux.
Elle avait entendu près d'elle
Une voix qui disait : Ma belle,
Le temps détruit tout
Ici, mais surtout
La beauté frivole,
Qui se fait l'idole
De ses jeunes ans.
L'Eternel printemps
N'est point sur la terre;
Cherche ailleurs, ma chère,
Et lève les yeux :
Il habite aux cieux !

JEAN.

UN ESPRIT SOUFFRANT [1].

—

Maintenant, ô merveille,
J'entends, à mon oreille,
Ta voix tous les matins,
Chasser les noirs lutins,
Attisant ma souffrance,
Et chanter l'espérance,
L'amour, la liberté,
Chant divin répété
Autour de moi, sans cesse,
Dans une sainte ivresse
Par de célestes voix
Que jamais autrefois
Je n'avais entendues.
Et ces voix inconnues
Embaument ma douleur.
C'est ainsi que la fleur,
A la fraîche rosée
Que la nuit a posée

[1] Voir les pages 51 et 62.

Sur son timide sein,
S'embaume le matin.
Une étrange lumière
Et m'inonde et m'éclaire
De ses étranges feux.
On dirait, dans ces lieux,
Un astre sans aurore,
Sans couchant, qui dévore
De ses rayons brûlants
Les cieux étincelants,
Et ne montre à l'espace
Ni l'éternelle place
Où Dieu mit son foyer,
Ni l'éternel sentier
Que son globe invisible
Suit, sans qu'il soit possible
D'étudier son cours
Et de compter ses jours.
Des ombres radieuses,
Blanches, mystérieuses,
Semblent traverser l'air
Plus vite que l'éclair,
Tant leur course est rapide,
Et d'un pas plus timide,
D'autres rasent le sol,
En essayant leur vol ;
Ainsi toute petite,
La fauvette s'agite,

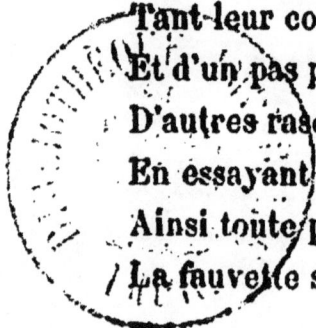

9

Et glisse à bas, sans bruit,
Quand son nid est détruit.
Et moi de mon rivage
J'aperçois cette plage
Où ces corps merveilleux
Passent mystérieux ;
Où ces flots de lumière,
Dans les champs du mystère,
Semblent toujours courir
Sans avoir pu tarir
Leurs sources inconnues
Que l'œil n'a jamais vues.
Et je demande à Dieu
D'aller vivre en ce lieu.
Je souffre moins. J'espère
Et je crois. La prière
Me console aujourd'hui ;
Et ceux qui m'avaient fui
Avec moi s'entretiennent
Des vœux qui les soutiennent.
Je ne suis plus maudit.
Car une voix me dit :
C'est ici la patrie,
Rive à jamais fleurie,
Où tu viendras un jour
Bénir ton Dieu d'amour.

UN ESPRIT.

LA PRIÈRE DE LA MORT POUR LES MORTS.

Les siècles ont roulé dans le gouffre des temps,
Sans pitié, fleurs et fruits, froids hivers, doux printemps.
Et la mort a passé sans frapper à la porte,
Qui cachait le trésor qu'en secret elle emporte,
La vie. O mort! la main qui dirige ta main,
Lasse d'avoir frappé, ne peut-elle demain,
Suspendre un peu ses coups? Ta faim mal assouvie
Veut-elle encor troubler le banquet de la vie?
Mais pour ainsi venir à toute heure du jour
Chercher chez nous des morts pour peupler ton séjour,
L'univers est trop peu pour tes profonds abîmes,
Ou ton gouffre est sans fond pour tes pauvres victimes.
O mort! tu vois pleurer la vierge, sans pleurer,
Et tu sèches les fleurs qui devaient la parer,
Sans permettre à son front de ceindre la couronne
De roses et de lys que son époux lui donne.
O mort! un jeune enfant à tes bras s'enlaçant,
Te supplie et tu viens le frapper en naissant,
Sans permettre à ses yeux de connaître la mère,
Que le ciel lui donnait, en lui donnant la terre !

O mort ! tu n'entends pas les vœux de ce vieillard,
Implorant la faveur à l'heure du départ
Et d'embrasser son fils et de bénir sa fille,
Pour s'endormir plus vite et mourir plus tranquille.
Mais, cruelle, dis-moi, que deviennent les morts
Qui quittent notre rive et s'en vont sur tes bords ?
Souffriraient-ils toujours les douleurs de la terre
Dans cette éternité des temps, et la prière
Ne pourrait-elle au moins les adoucir un jour ?
Et la mort répondit : « Dans ce sombre séjour,
Où, libre, j'ai fixé mon ténébreux empire,
La prière est puissante, et c'est Dieu qui l'inspire
A mes sujets, à moi. Quand je reviens le soir
Sur mon trône sanglant, pompeusement m'asseoir,
Je regarde les cieux et je suis la première
A réciter tout bas pour mes morts la prière.
Écoute, enfant, écoute : O Dieu ! Dieu tout-puissant,
Du haut des cieux sur moi, sur eux, jette en passant
Un regard de pitié ; qu'un rayon d'espérance
Éclaire enfin les lieux où pleure la souffrance.
Fais-nous voir, ô mon Dieu ! la terre du pardon,
Ce rivage sans bords, cette plage sans nom,
La terre des élus, l'éternelle patrie
Où tu créas pour tous une éternelle vie.
Fais que chacun de nous devant ta volonté
S'incline avec respect ; devant la majesté
De tes secrets desseins se prosterne et adore ;
Devant ton nom, se courbe et se relève encore,

En s'écriant : Seigneur ! si vous m'avez banni
Du séjour des vivants, si vous m'avez puni
Dans le séjour des morts, devant vous je confesse
Avoir mérité plus. Frappez, frappez sans cesse,
Seigneur, je souffrirai sans jamais murmurer ;
Et mes yeux ne pourront jamais assez pleurer,
Pour laver du passé l'ineffaçable tache,
Qui, toujours, au présent honteusement s'attache.
Je subirai vos coups, je porterai ma croix,
Sans maudire un seul jour vos équitables lois.
Et quand vous jugerez mon épreuve finie.
Seigneur, si vous rendez, à mon ombre bannie,
Les biens qu'elle a perdus dans sa captivité
La brise, le soleil, l'air pur, la liberté,
Le repos et la paix. Devant vous je m'engage
A prier à mon tour sur mon nouveau rivage
Pour mes frères courbés sous le lourd poids des fers
Qui les retient cloués au fond de leurs enfers,
Pour leurs ombres en pleurs aux bords de l'autre rive
Muettes, regardant la mienne fugitive
S'enfuir en leur disant : Courage, mes amis,
Je tiendrai dans les cieux ce qu'ici j'ai promis.

CASIMIR DELAVIGNE.

SŒUR ET FRÈRE.

—

Deux enfants, la sœur et le frère,
Rentraient ensemble à la chaumière,
Un soir d'été. Déjà la nuit,
A pas lents, s'avançait sans bruit,
Pâle, sombre et silencieuse
Comme une ombre mystérieuse.
L'oiseau dormait au fond du bois,
Et la brise glissait sans voix.
Tout rêvait dans un doux mystère.
La sœur dit tout bas à son frère :
« Frère, j'ai peur ! n'entends-tu pas
Une cloche pleurer là-bas ?
On dirait que sa faible plainte
Vient mourir ici presque éteinte. »
— C'est le lugubre et triste glas
D'un trépassé. Ne tremble pas,
Sœur, dit le frère, c'est une âme
Qui fuit la terre et qui réclame
Une prière pour payer
Sa place à l'éternel foyer.

Allons, sœur, prier à l'église,
Sur la dalle poudreuse et grise,
Où l'on nous vit, un jour de deuil,
Tous deux derrière un long cercueil,
Où dormait notre pauvre mère,
Dire en pleurant notre prière.
Allons prier pour les morts, sœur,
Cela nous portera bonheur,
Pressons le pas. Et sœur et frère,
Une larme sur la paupière,
Tous deux, se tenant par la main,
Prirent l'étroit et vert chemin
Qui menait à la vieille église.
Une seconde fois la brise
Leur apporta le triste adieu
Du trépassé, cherchant son Dieu.
Et la cloche cessa sa plainte ;
Et muets et tremblants de crainte,
Nos deux enfants silencieux
Marchaient en regardant les cieux.
Arrivés à la vieille église,
Ils virent une femme assise.
Seule, dans un coin retiré
Où souvent ils avaient pleuré,
Les pieds nus, la face voilée
Pâle, folle et échevelée,
Elle s'écriait : O mon Dieu !
O vous ! qu'on adore en tout lieu,

En tout temps, partout, sur la terre
Comme au ciel, une pauvre mère
Tremblante, aux pieds de vos autels,
Devant vos desseins éternels,
Ose à peine, en votre présence,
Se plaindre et conter sa souffrance.
Un enfant faisait mon bonheur ;
Il était rose et blanc, Seigneur,
Comme un blanc rayon qui colore
Un frais matin à son aurore :
Le miroir de ses grands yeux bleus
Reflétait l'azur de vos cieux ;
Et sur sa bouche un doux sourire
Semblait se poser et me dire :
Ne pleure plus ; à ton foyer
C'est Dieu qui vient de m'envoyer.
Vois, l'orage s'est enfui, mère,
Le ciel est sans nuage, espère,
Dieu nous protége et nous défend.
Mais tu te trompais, pauvre enfant,
Quand le vent souffle sur la plage,
Il détruit tout sur son passage,
Ne laissant que quelques roseaux,
Pour pleurer aux bords de leurs eaux :
Et quand la mort frappe à la porte
D'un foyer, elle entre et emporte
Tout... tout... ne laissant à son seuil
Qu'un drap noir pour cacher son deuil.

Je savais aussi qu'un beau rêve,
S'il commence un matin, s'achève
Un soir ici-bas ; que la nuit,
Jalouse du soleil qui luit,
Et fait trop tôt pâlir son ombre,
Étend aussi son voile sombre
Pour obscurcir ses mille feux
Et les cacher à tous les yeux.
Oui, je le savais, mais la mère
Ignore tout, quand elle espère ;
La pauvre mère croit à tout
Pour un fils, au bonheur surtout.
L'adversité, toute ma vie,
M'avait bien assez poursuivie,
Pour avoir un jour de bonheur.
Il en fut autrement, Seigneur,
Que votre volonté soit faite.
Seule, dans cette humble retraite
Où j'ai vu mourir un époux,
Où, pâle et tremblante, à genoux
J'ai reçu les adieux d'un père,
Où vous enlevez à la mère
Son dernier espoir, son enfant ;
Devant mon bourreau triomphant
La mort, qui contemple sa proie,
Avec un sourire de joie,
Seigneur, je demande à sa main
Qui frappa tous les miens, demain,

De ne point épargner la mère
Réclamant son fils à la terre.
La cloche, une dernière fois,
A ces mots fit parler sa voix.
Et l'enfant jugé, sur la terre
Revenait consoler sa mère,
En lui disant : Je suis aux cieux.

. . . .

Quand frère et sœur silencieux
Sortirent de la vieille église
La femme était encore assise.

JEAN.

LE DÉPART DES HIRONDELLES.

—

C'était un beau matin d'automne,
Tout sommeillait dans Barcelone.
Le jour commençait, de ses feux,
A blanchir la voûte des cieux,
Ma pâle Andalouse, rêveuse,
Regardait la nuit vaporeuse
Fuir et sourire en pâlissant
Aux rayons de l'aube naissant.

Et moi, plus rêveur que ma belle,
Moi, je regardais l'hirondelle
Qui venait un dernier matin,
Avant un voyage lointain,
Se reposer à la fenêtre
Du foyer qui l'avait vu naître,
Et lui dire dans ses adieux
Un dernier chant mystérieux.
Et je vis monter l'hirondelle
Au haut de la vieille tourelle,
Attendre, au seuil de sa maison,
Le soleil poindre à l'horizon,
Pour annoncer à ses compagnes,
Dormant encor dans nos campagnes
Le triste signal du départ.
Nos émigrantes en retard
Viennent bientôt silencieuses
Se ranger tristes, soucieuses,
Sur le fronton en granit noir
Qui couronnait le vieux manoir.
Et je les vis causer ensemble
Tout bas. C'est ainsi qu'on s'assemble
Chez nous, quand on fait ses adieux
Au foyer, les larmes aux yeux.
Et puis un solennel silence
Se fait, et la troupe s'élance
Dans les airs, sans autre signal
Que ce petit cri matinal.

Qu'on entendait hier encore,
Au lever de la blanche aurore.
On voit sous la voûte des cieux
Maints cercles noirs capricieux.
Les uns avec amour s'enlacent,
D'autres plus timides s'effacent ;
Ceux-ci glissent mystérieux,
Ceux-là se courbent gracieux.
Ce sont nos tristes hirondelles
Qui les tracent avec leurs ailes.
Et tous les hôtes du logis,
A la porte sont réunis.
Un dernier cri se fait entendre.
On les voit encore descendre,
Puis monter, puis s'enfuir. Le soir,
On les pleure au triste manoir.

. . . . . . , ...

. . . .

Nous aussi, pauvres hirondelles,
Avant de reposer nos ailes,
Sous le toit d'un autre foyer,
Chers amis, nous devons payer
Au vôtre une dette sacrée,
Dans cette dernière soirée.
D'adieux, une dette d'honneur
Inscrite au grand livre du cœur,
Une gratitude éternelle
Pour cette amitié fraternelle

Qui nous fit l'hospitalité
Si douce à votre société.

Vos hirondelles fugitives
Auront demain quitté vos rives.

Pourtant ne les oubliez pas,
Rappelez-vous leurs doux ébats

Qui vous charmaient encor la veille ;
Et si la brise, à votre oreille,

Apporte, en passant le matin,
L'écho d'un murmure lointain,

Pensez aux pauvres hirondelles,
Chers amis, et priez pour elles [1].

ALFRED DE MUSSET.

***

ÉCHOS DU CIEL [2]

—

Les flots blanchissent,
Les cieux pâlissent,

---

[1] Cette pièce a été obtenue à la dernière séance de la Société de Paris, le 27 juillet 1866, avant les vacances.

[2] Le mercredi 19 septembre 1866, dans le groupe de M. C., assis à la table des médiums, j'allais écrire quand un étrange sommeil s'empara de moi. Ce sommeil n'était pas le sommeil du corps, et pourtant il n'avait été provoqué par aucune action magnétique. Le fluide spirituel seul l'avait déclaré instantané-

Je suis, je vois,

J'entends, je crois.

Une voix pure,

Comme un murmure,

Me dit tout bas :

Ne parle pas.

Sans peur, ni doute,

Enfant, écoute [1].

. . . .

. . . .

Où vas-tu, brise folle,

Quand tu passes le soir,

Que mon âme s'envole

Et fuit son cachot noir

Pour commencer un rêve

Qui toujours est troublé,

Qui jamais ne s'achève

Aux lieux où l'exilé

Traîne après lui sa chaîne ?

Dans ce monde nouveau

Où ton souffle l'emmène,

Il semble que plus beau,

Qu'emporté sur tes ailes,

Il ne puisse finir;

ment. Le crayon tomba de mes mains et bientôt interrogé je répondis.

[1] Il y eut un silence ici. Puis je vis un autre Esprit s'approcher de moi et continuer.

Que ces sphères nouvelles
Ne sauraient le bannir,
Quand il franchit à peine
Le seuil de leurs séjours.

Mais, hélas, ton haleine
L'abandonne toujours,
Le laissant sur la route
Qui le conduit au ciel.

Là, timide, il écoute
Ce murmure éternel
De la sainte patrie
Qui le berce un instant
Sur sa rive fleurie.

Bientôt, en se heurtant
Aux mondes de l'espace,
Las, il retombe où meurt
Tout ce qui vit, où passe
Tout ce qui naît, où fleur,
Bouton, tige et corolle,
Ne vivent qu'un matin,
Où l'âme s'étiole,
Où sa flamme s'éteint.

Ah! me répond la brise,
Tu n'es qu'un indiscret,
Enfant, quoi qu'on en dise.
Ma vie est un secret,
Ton rêve est un mystère ;
Tu ne dois point savoir

Pourquoi sur cette terre
Je t'endors chaque soir.
Achève en paix ton rêve
Commencé dans ce lieu,
Sans chercher sur sa grève
Le secret de ton Dieu.

ANDRÉ CHÉNIER.

L'ORPHELIN [1]

—

C'était un soir d'orage,
La mer roulait ses morts,
En jetant au rivage
De lugubres accords.
Un enfant jeune encore,
Debout sur un rocher,
Attendait que l'aurore
L'éclairât pour marcher,
Pour aller à la plage,
Redemander sa sœur

[1] Communication obtenue à la séance d'ouverture de la société spirite. Voir le numéro de la Revue du mois d'octobre 1866.

Échappée au naufrage
Ou... ravie à son cœur.

Pourrait-il, sur la rive,
La voir comme autrefois,
Souriante et naïve,
Accourir à sa voix?
Dans cette nuit horrible,
Sur les flots égarés,
Cette main invisible
Qui les a séparés
Les réunira-t-elle?
Ce fut un vain espoir.
L'aurore se fit belle,
Mais ne lui fit rien voir
Rien... que la triste épave
D'un bâtiment détruit,
Rien... que le flot qui lave
Ce qu'il souilla la nuit.
La vague, avec mystère,
Effleurait en glissant,
Écumeuse et légère,
Le gouffre menaçant
Qui cachait sa victime,
Étouffait ses sanglots,
Et voulait de son crime
Faire excuser les flots
A la brise plaintive.
L'enfant, las de chercher,

De courir sur la rive,
Ne pouvait plus marcher,
Étouffé, hors d'haleine,
Boiteux, meurtri, brisé,
Se soutenant à peine.
Il s'était reposé
Sur la brûlante pierre
D'un rocher présque nu
Et disait sa prière :
Quand passe un inconnu.
Surpris, il le regarde
Qui priait avec foi :
« Pauvre enfant, Dieu te garde,
Dit-il, relève-toi.
Ce Dieu qui voit tes larmes
M'a mis sur ton chemin
Pour calmer tes alarmes
Et te tendre la main.
Que rien ne te retienne !
Mon foyer est le tien,
Ma famille est la tienne,
Ton malheur est le mien.
Viens, dis-moi ta souffrance,
Je t'ouvrirai mon cœur
Et bientôt l'espérance
Calmera ta frayeur.
. . . .
. . . .

Ce pauvre enfant, c'est moi ;
Cet inconnu, c'est toi[1],
Cher et honoré maître,
Toi qui me fis connaître
Deux mots : Éternité
Et immortalité ;
Deux noms : l'un Dieu, l'autre âme,
L'un foyer, l'autre flamme ! »
Et vous, mes chers amis,
En ce lieu réunis,
Vous êtes la famille
Où, désormais tranquille,
Je dois finir mes jours.
Ah ! aimez-moi toujours.

CASIMIR DELAVIGNE.

[1] M. Allan Kardec.

UN SOIR QUE J'ALLAIS PRENDRE LA MER

—

La mer était tranquille, et la nuit était belle,
Depuis longtemps déjà la joyeuse nacelle
Du pêcheur matinal était rentrée au port.
La rive était déserte et, sur son triste bord,
Les flots parlaient entre eux leur étrange langage.
Les uns chantaient tout bas les échos de la plage
Qu'ils avaient entendus en passant un matin,
Et les autres venant d'un rivage lointain
Semblaient pleurer la rive et sa couche timide
Sans pouvoir l'oublier dans leur course rapide ;
Ceux-ci fuyaient au loin, rêveurs et soucieux,
Pour qu'on ne troublât point leurs chants mystérieux ;
Ceux-là passaient toujours, sans jamais au rivage
S'arrêter un moment, pour apaiser leur rage.
Et ces étranges bruits, en s'unissant entre eux,
Ne formaient qu'un seul chant qui montait vers les cieux
En laissant dans les airs une douce harmonie,
Faible et dernier écho de leur hymne finie.
Et la brise, écoutant ces magiques accords,
Semblait vouloir aussi répéter sur ces bords

Ce que chantaient les flots; et ce dernier murmure
Venait avec mystère endormir la nature.
Seul, je veillais debout sur le pont d'un vaisseau
Qui partait pour l'Écosse. En rêvant au berceau
Qui portait mon seul bien, mon unique espérance,
Ma fille, je pleurais. En revoyant la France
Me serait-il permis de revoir mon enfant?
Hélas! déjà la mort s'avançait d'un pas lent,
En longs habits de deuil, épiant avec joie
Le moment de saisir et d'emporter sa proie.
Et moi, j'allais bientôt vivre sous d'autres cieux,
Sans pouvoir de ma fille entendre les adieux,
Sans pouvoir l'embrasser... Et mon âme oppressée
Ne pouvait pas chasser cette horrible pensée,
Quand soudain j'entendis une céleste voix,
Qui descendait du ciel, douce et triste à la fois :
« D'ici, je vois tes pleurs, père, murmurait-elle;
« Va, marche, ne crains rien, marche où ton Dieu t'appelle

      La fleur du chemin
       Éclose un matin
   Dort en paix sur sa feuille
   Sans craindre qu'on la cueille.
    Pourquoi, sans raison,
     Ravir au buisson
  La modeste parure
  Que lui fit la nature,
    Une simple fleur,
    Pâle et sans couleur,

Qui croit avec l'épine
Et qu'on nomme aubépine ?
  Pourquoi le passant,
  Qui fuit en baisant
Sur sa tige, la rose
Qui mollement repose,
  Viendrait-il plutôt
  Briser aussitôt,
Par caprice, la branche
De l'aubépine blanche !
  Celui qui détruit
  Veut, quand il s'enfuit,
Entendre sa victime,
Sur le bord de l'abîme,
  Pleurer sa beauté,
  Rêve regretté
De sa courte jeunesse ;
Il veut avec ivresse
  Entendre ses pleurs,
  Ses cris. Mais les fleurs
Qui n'ont vu qu'une aurore
Qui les a fait éclore
  Au bord du sentier,
  Où croit l'églantier,
Étouffé sous la pierre,
Par la ronce et le lierre,
  N'ont rien à pleurer.
  Va, sans murmurer,

Père, va, sans tristesse
Mais aussi sans faiblesse.

    Va, pars, je vivrai,
    Oui, je t'attendrai
Au toit qui m'a vu naître,
A la blanche fenêtre,
    Où j'aimais te voir
    Rêvant chaque soir.
Prends ce tendre baiser, père, c'est là le gage
De mon serment. Je t'aime... adieu... pars... bon voyage.

.   .   .   .

.   .   .   .

Et tu partis, ami, pour ce pays lointain,
Pleurant le triste sort de ton triste destin.
Mais ton Dieu prit pitié de ton âme éprouvée
Tu peux dormir en paix, car ta fille est sauvée.

ANDRÉ CHÉNIER.

A Mme C.....

Viens, sœur, rêver ton rêve
Sur les bords de la grève,
Où bien souvent le soir
Nous venons nous asseoir

A l'heure où, sur la terre,
La nuit, avec mystère,
Jette son manteau noir,
Sur la tour du manoir,
Et sur le toit de chaume,
Où la rive s'embaume
Aux parfums de la fleur,
Où blanchit la pâleur
Des cieux, où dort la brise,
Où la vague se brise
En murmurant tout bas
Des bruits qu'on n'entend pas ;
Où tout prie et soupire ;
Où tout semble nous dire :
Enfants, quittez ce lieu
Et montez jusqu'à Dieu.
C'est lui qui vous convie
Au banquet de la vie,
Où les élus du ciel,
Dans un chant solennel,
Redisent à la plage
Où finit leur voyage,
L'amour d'un Créateur
Créant un Rédempteur,
Noble et sainte victime ;
Pour sauver de l'abîme
L'homme orgueilleux et vain
Méconnaissant la main,

Qui, d'une nuit profonde,
Ayant fait naître un monde,
L'en avait sous sa loi
Érigé maître et roi.
Viens, sœur, la nuit s'efface,
La lumière à l'espace
A jeté ses rayons.
Viens, sœur, viens et prions.
C'est là le sanctuaire,
Où monte la prière
De l'univers entier;
Où la flamme au foyer
Et se rallume et brille;
Où l'étoile scintille
En s'éclairant aux feux
Cachés, mystérieux,
D'un globe tout en flamme;
Où se réchauffe l'âme
Que glaça le tombeau;
Où brûle le flambeau
De la foi, de la vie;
Où la mort est bannie;
Où tout est éternel;
Où commence le ciel.
Viens, c'est là le portique
De ce temple magique,
Où règnent à jamais
L'harmonie et la paix;

Où la voix du mystère

N'a pu dire à la terre

Le nom de ce saint lieu

Qui, pour hôte, a ton Dieu.

Montons, montons encore !

Un globe qui dévore

L'espace de ses feux

Apparaît à mes yeux.

Sœur, vois-tu ce globe. Au bord de sa grève

Plus blanche que l'aurore qui se lève,

Plus blonde que le blond épi des blés,

Plus joyeuse que nos cieux étoilés

Et plus pâle que notre pâle automne,

Une ombre glisse, ayant une couronne

Au front, faite de roses et de lis,

A la main, un livre d'or où je lis :

Là-bas, c'est la souffrance,

Ici, c'est l'espérance,

La foi, la charité,

L'amour, la liberté !

Et sa voix douce, harmonieuse et pure

Jette dans mon âme, extase, murmure,

Enivrement, et verse dans mon cœur

Une goutte d'une étrange liqueur

Que l'homme ne connaît pas sur la terre,

Jeunesse, amour, soupir, rêve, mystère.

Sa voix m'apporte l'ivresse des cieux

En me répétant ce qu'ont lu mes yeux :

Là-bas, c'est la souffrance,

Ici, c'est l'espérance,

La foi, la charité

L'amour, la liberté !

« Enfant, me dit-elle tout bas, ce monde

Où l'âme vit dans une nuit profonde,

Où le corps naît dans un gouffre de pleurs,

C'est la terre ! Ce monde, où fruits et fleurs

Donnent aux champs leurs beautés éternelles,

Où tout est chants nouveaux, hymnes nouvelles,

Souffle, brise, rayon, fluide, éther,

Ce monde est le nôtre, c'est Jupiter.

Là-bas, c'est la souffrance,

Ici, c'est l'espérance

La foi, la charité

L'amour, la liberté !

ANDRÉ CHÉNIER.

TABLE DES MATIÈRES.

	Pages
Préface	v
Introduction	VII
A monsieur Allan Kardec	1
A mon livre	3
L'Ame	5
Le Mendiant	7
La Rose	8
A madame L	9
Impromptu	10
Rêverie	10
Le Papillon et la Mouche à miel	11
La petite Chienne	13
Amour	14
Au prince X.	15
Rêverie	17
Causerie	18
La Mort	22
L'Espérance	22
Un rêve	24
Le Moucheron et l'Abeille	24

	Pages
A mademoiselle X	26
Rêverie	27
La Charité	27
Premiers Pas	29
La Foi	30
Les petits Moucherons	32
Les quatre Saisons à la campagne : L'Hiver	33
Le Printemps	34
L'Été	36
L'Automne	37
Les quatre Saisons	39
La Prière	40
A Nina	42
La Poulette et le Renard	43
Pensée sur Dieu	45
Le Canari et l'Enfant	47
Rêverie	48
A M. H	49
A ma Fille	51
Réponse à un critique	54
Un Esprit souffrant	54
A toi	56
La Tourterelle et le Pigeon	58
La Prière des Esprits	59
La Fauvette et le Merle	61
Un Esprit souffrant	62
Tout prie autour de nous	64
Sion!! Sion!!	66
A mon père	69
A madame D	71
Au Médium qui croirait être prophète	73
A monsieur D	75
Rêveries d'un poète	77
Autre Rêverie	79
Souvenirs	82
A mes anciens Amis de la terre	84

	Pages
Regrets................................	88
Sarah !..	92
Un Esprit souffrant.....	96
La Prière de la mort pour les morts.................	99
Sœur et Frère......................... ...	102
Le Départ des hirondelles...........................	106
Echos du Ciel...	109
L'Orphelin...	112
Un soir que j'allais prendre la mer..................	116
A madame C...	119

Typ. de Rouge frères, Dunon et Fresné, rue du Four-Saint-Germain, 13.

OUVRAGES DE M. ALLAN-KARDEC
SUR LE SPIRITISME

Ces ouvrages se trouvent, à Paris, chez MM. DIDIER et Cᵉ, éditeurs, 35, quai des Augustins; — FRÉDÉRIC HENRI, galerie d'Orléans (Palais-Royal); — au bureau de la *Revue spirite*, rue Sainte-Anne, 59 (passage Sainte-Anne).

Le Livre des Esprits (*Partie philosophique*). — 13ᵉ édition, in-12 de 500 pages. Prix : 3 fr. 50 c.; par la poste, 4 fr.; relié, 75 c. en plus.

> *Edition allemande:* Vienne (Autriche). — Deux parties qui se vendent séparément : 3 fr. chacune.

> *Edition espagnole :* Madrid, Barcelone, Paris, Marseille. Prix : 3 fr.

Le Livre des Médiums (*Partie expérimentale*). — 6ᵉ édition, in-12 de 500 pages. Prix : 3 fr. 50 c.; par la poste, 4 fr.; relié, 75 c. en plus.

> *Edition espagnole :* Madrid, Barcelone, Paris, Marseille. Prix : 3 fr.

L'Evangile *selon le Spiritisme* (*Partie morale*). In-12. Prix : 3 fr. 50 c.; relié, 75 c. en plus.

Le Ciel et l'Enfer, *ou la Justice divine selon le Spiritisme.* — In-12. Prix : 3 fr. 50 c.; par la poste, 4 fr.

Le Spiritisme à sa plus simple expression. Brochure grand in-18. Prix : 15 c.; par la poste, 20 c.; 20 exemplaires ensemble, 2 fr., ou 10 c. chacun; par la poste, 2 fr. 60 c.

> *Edition allemande:* Vienne (Autriche).

> *Edition anglaise:* Leipzig, chez Franz Wagner.

> *Edition portugaise:* Lisbonne, Rio-Janeiro, Paris.

> *Edition polonaise:* Cracovie.

> *Edition en grec moderne :* Corfou.

> *Edition italienne:* Turin.

> *Edition espagnole:* Madrid, Barcelone, Paris, Marseille.

> *Edition russe :* Leipzig, Saint-Pétersbourg, Moscou, Paris.

> *Edition en langue croate :* Témeswar (Hongrie).

Qu'est-ce que le Spiritisme? — Guide de l'observateur novice dans les manifestations des Esprits. — Grand in-18. Nouvelle édition, considérablement augmentée. Prix : 1 fr.; par la poste, 1 fr. 20 c.

> *Edition polonaise :* Cracovie.

Voyage spirite en 1862. — Brochure grand in-8°. Prix : 1 fr.

Résumé de la loi des Phénomènes spirites. — Brochure in-12. — Nouvelle édition augmentée. — Prix : 10 c.; par la poste, 15 c.

Pour paraître très-prochainement,

DU MÊME AUTEUR

MURMURES ET CHANTS

DU MONDE INVISIBLE

POÉSIES MÉDIANIMIQUES

OBTENUES DANS LE SOMMEIL EXTATIQUE

Volume de 200 pages à 2 francs (par la poste, 2 francs 25 c.)
Riche édition de luxe : 3 fr., par la poste, 3 fr. 25 c.

NOTA. — Dans ce second volume, la variété des sujets, des
genres, des rhythmes, tout en accusant la coopération de plu-
sieurs Esprits, trahit presque toujours l'individualité de chacun
d'eux. C'est-à-dire, qu'à côté du gai refrain de Béranger, on lira
la triste élégie d'André Chénier; qu'à côté du vers badin d'Alfred de Musset, on trouvera le trait satirique d'Hégésippe
Moreau, etc., etc. Dans le premier volume, *Echos poétiques
d'outre-tombe*, on ne rencontre point ces preuves d'identité.
— Voici la raison qui m'en a été donnée dans le sommeil. —
En travaillant à ces premières poésies, m'a-t-on dit, les Esprits-
poëtes obéissaient à une puissance supérieure qui avait conçu le
plan de l'ouvrage, désigné le genre et déterminé la forme. Il
fallait qu'il y eût unité dans l'exécution comme il y avait eu
unité dans la conception, que l'unité du langage répondît à
l'unité de la pensée. Le premier avait été destiné surtout
aux Spirites, le second a été fait pour tous. Dans ce dernier ouvrage, chaque Esprit-poëte a gardé sa liberté d'action,
et chacun d'eux, en écrivant le sujet qu'il lui a plu d'écrire, a
choisi la forme qui lui était la plus familière et la plus connue.

Pour répondre aux désirs de mes amis, je me suis décidé à faire,
indépendamment de l'édition à deux francs, une riche édition
de luxe dont le nombre d'exemplaires sera limité au nombre des
demandes, au prix de trois francs (par la poste, trois francs vingt-
cinq centimes). Les personnes qui désireraient avoir cette édition,
peuvent, dès aujourd'hui, m'envoyer leurs noms et leurs adresses.
En leur annonçant la publication de l'ouvrage, je les prierai de
m'adresser le montant de leurs souscriptions.

Paris. — Typ. Rouge frères, Dunon et Fresné, rue du Four-St-Germ., 43.

www.ingramcontent.com/pod-product-compliance
Lightning Source LLC
Chambersburg PA
CBHW072114090426
42739CB00012B/2972